歩いてみよう！

おきなわ軽便鉄道マップ

おきなわ散策はんじゃ会　編

ボーダーインク

本書について

本書は、軽便鉄道の線路跡をたどるマップを中心に構成されています。軽便鉄道の歴史、各駅の紹介、現在の各路線跡周辺の「みどころスポット」や、実際に軽便を利用していた人ならびに識者へのインタビュー、軽便鉄道に関するコラムを随所に盛り込んでいます。

○地図は与那原線・嘉手納線・糸満線の順に掲載しています。(縮尺1／5000、嘉手納線の一部はさらに縮小)。ただし、嘉手納線起点の那覇駅〜古波蔵駅までのマップは与那原線と重複するために省略しています。同様に、糸満線についても那覇駅〜国場駅までの地図は省略しています。

○各路線とも、起点から終点に向けてページが展開していきます。
また、現在の駅跡の写真は、すべて終着駅方向に向かって撮影しています。

○線路跡が現在の道路に重なる場合は、道路とは少しずらして作成しています。

○線路跡が米軍基地の中に存在するなど、現在は入れない箇所もあります。

○軽便鉄道の名残が見えるポイントや民俗スポットについては、地図上に表示するとともに、解説と写真を加えています。地図上のカメラマークにページ番号が振ってありますので、該当するページを参照してください。

○地図上のマークには以下のような意味があります。

那覇市	市町村名
与儀	行政区名・字名
58	国道
221	県道
与儀駅	軽便各駅
┼┼┼┼	線路跡
汽車道跡	現在でも汽車道の面影を感じられるスポット

●	目印となる建物
◆	みどころ
	バス停
	橋
	消防署
	警察署
	郵便局
	学校
	スケッチブックマークの場合、地図内にイラストがあり、該当するページに写真と解説があります
	カメラマークの場合、該当するページに写真と解説があります

※地図は2007年現在のものです。散策のしやすさを考慮し、建物や道路などをなるべく詳細に記載していますが、地図の情報と現状がマッチしなくなることもあります。

※線路跡が民家や住宅街となっている場合があります。散策の際はお住まいの方々に十分にご配慮ください。

目次

まえがき

本書のなりたち

2004年から06年、沖縄大学と南部広域市町村圏事務組合の共同事業「丸ごと！なんぶ　観光コース開発とガイド養成講座」が社会人向けの講座として開催されました。自然・歴史・文化など様々な視点から「南部の魅力」を掘り起こすとともに、ガイドの養成も目指した講座でした。

その３期目（06年）の講座で、本書の編・執筆者である波平エリ子が講座のひとつを担当することになり、南部の「軽便鉄道」跡を中心に、その周辺の御嶽や拝所・井泉など、南部地域の民俗やかつての人々の生活と結びついた場所の巡見を行いました。

１年足らずの期間でしたが、昔からの人々の暮らしや文化の跡を辿ることに魅力を感じ、講座終了後も勉強会を続け、巡見を楽しむことになりました。本書の編者である「おきなわ散策はんじゃ会」とは、そのように自主的にはじまった、私たち勉強会グループの名前です。巡見も軽便鉄道の与那原線や糸満線の沿線が中心でしたが、調査の範囲も嘉手納線まで広げて、軽便鉄道全線を包括することになりました。

「鉄ちゃん」「鉄子」に

沖縄の軽便鉄道に関する文献に、金城功著『ケービンの跡を歩く』（ひるぎ社、1997年）と加田芳英著『図説　沖縄の鉄道』（沖縄出版、1986年。初版は絶版、改訂版はボーダーインク、2003年）があります。本書の編集･執筆にあたっては、前掲の二書、特に金城氏の著書から多くのことを学ばせて頂きました。

最初は本をめくりながら、路線跡を推測を交えながら辿ることから始まりました。最近はちょっとした鉄道ブームで、そのマニアを「鉄ちゃん」「鉄子」と呼ぶようですが、私たちも軽便鉄道の痕跡を確認して歩くうちに、「鉄ちゃん」「鉄子」になってしまっていたのかもしれません。

軽便の跡をより精確に辿るために、沖縄戦の直前に米軍が撮影した航空写真を利用したため、ほぼ全線にわたって線路跡の確認ができました。そうして出来上がった本書は、軽便鉄道跡がより精確に辿れるようになっており、さらに、鉄道跡周辺の歴史や民俗に関わる情報を豊富に掲載しています。

２年余り、平均すると月に数回の巡見やデスクワークを経て、本書は完成しました。軽便鉄道跡を辿りながら、同時に沖縄の歴史や民俗文化に触れるマップを作るというのが本書のコンセプトですが、多くの人の旅や散策のガイド役になればと思います。

2008年７月　　おきなわ散策はんじゃ会　波平エリ子

プロローグ
軽便鉄道
を知ろう

そもそも「軽便鉄道」とは何？

「昔、沖縄に鉄道が走っていた」というと、今の若い人は驚くかもしれません。今からおよそ60年あまり前、那覇を起点に「軽便鉄道」が敷設され、汽車が走っていました。正式には、「沖縄県営鉄道」といいました。本土で走る通常の汽車より線路の幅が少し小さかったので「軽便鉄道」と称されました。「軽便」は正式には「けいべん」と読みますが、沖縄では「けいびん」と呼ばれ、庶民からは「ケービン」の愛称で親しまれました。

那覇駅から与那原駅までの与那原線、那覇駅から嘉手納駅までの嘉手納線、那覇駅から糸満駅までの糸満線の3路線が運行していました。

沖縄に鉄道を敷設する計画は明治27（1894）年頃からありましたが、資金難のためうまくいかず一旦は頓挫したようです。しかしその後、沖縄県の産業振興や開発のための鉄道敷設の必要性が県会でも取り上げられ、大正2（1913）年に県当局による県営の鉄道敷設計画が県会に提出、承認され、日本赤十字社から資金を借り受けて与那原線から敷設されることになりました。

大正3（1914）年、その与那原線が開通しました。続いて、糸満線の敷設が計画されていましたが、第一次世界大戦の勃発の影響もあって資金調達がうまくいかず、一時棚上げになった後、大正11（1922）年に嘉手納線が糸満線に先行する形で開通し、翌年には糸満線も開通しました。

沖縄の陸上交通は、明治20（1887）年頃から人力車が那覇を中心に導入され、明治30年代後半になると、客馬車と荷馬車による運搬の交通機関が全盛期を迎えます。客馬車は明治35年頃に那覇—首里間を往来するようになり、37年に

昭和9年12月1日、那覇駅停車中の20周年祝賀列車

なると那覇―与那原、那覇―名護・国頭、那覇―糸満の間にも開設されました。

大正４、５年にはレールの上を馬車が走る「軌道馬車」が通るようになりました。徒歩による移動手段から人力車、さらに軌道馬車による運送によって移動時間は短縮され、例えば軌道馬車による那覇―与那原間の移動時間は１時間余りとなりました。

さらに軽便鉄道の導入によって那覇―与那原間は約30分と短縮され、大量の人と物資の輸送が行われるようになり、交易や産業振興に大いに資することになりました。沖縄軽便鉄道の３線および那覇駅と那覇港の海陸連絡線を含む総延長は48.03ｋｍで、駅数は32駅、1943（昭和18）年初めの時点で車両数は118（うちガソリン客車６）、従業員302人であったといいます。

沖縄県営鉄道は、最初の与那原線の開通から30年あまり、県民の足として走り続けましたが、戦争とともに幕を閉じることになりました。昭和19（1944）年７月10日に最後の通常ダイヤ通りの運行が行われたらしく、その後は日本軍による徴用で実質的に軍用鉄道と化したようです。

10・10空襲や南風原村神里から大里村稲嶺での12月11日の貨車大爆発の後も、兵站輸送を中心にどうにか運行されていましたが、嘉手納線は昭和20（1945）年３月23日前後、与那原・糸満線は３月28日頃が最後の運行になりました。「ケービン」の愛称で親しまれた県営鉄道は、沖縄戦による米軍の攻撃によって設備が破壊され、ついに最後を迎えることになったのです。

（『図説　沖縄の鉄道〈改訂版〉』より転載）

沖縄県営鉄道路線図

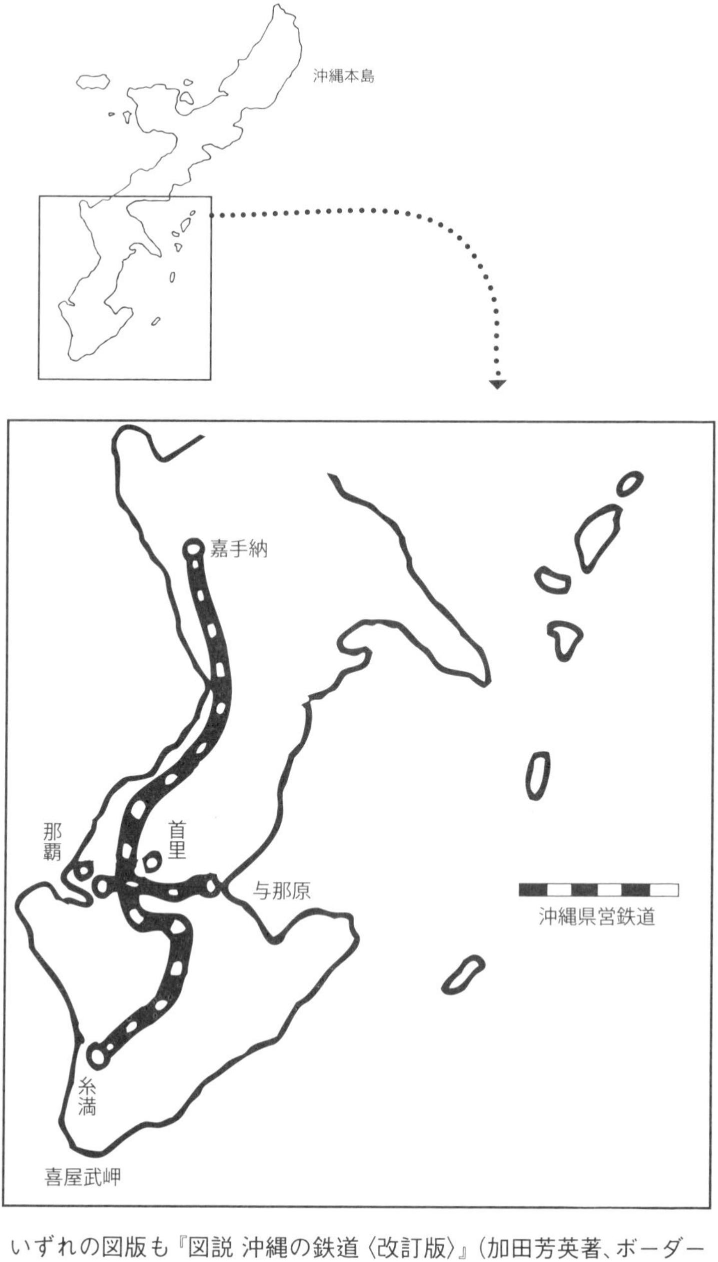

いずれの図版も『図説 沖縄の鉄道〈改訂版〉』（加田芳英著、ボーダーインク）を参考に作成

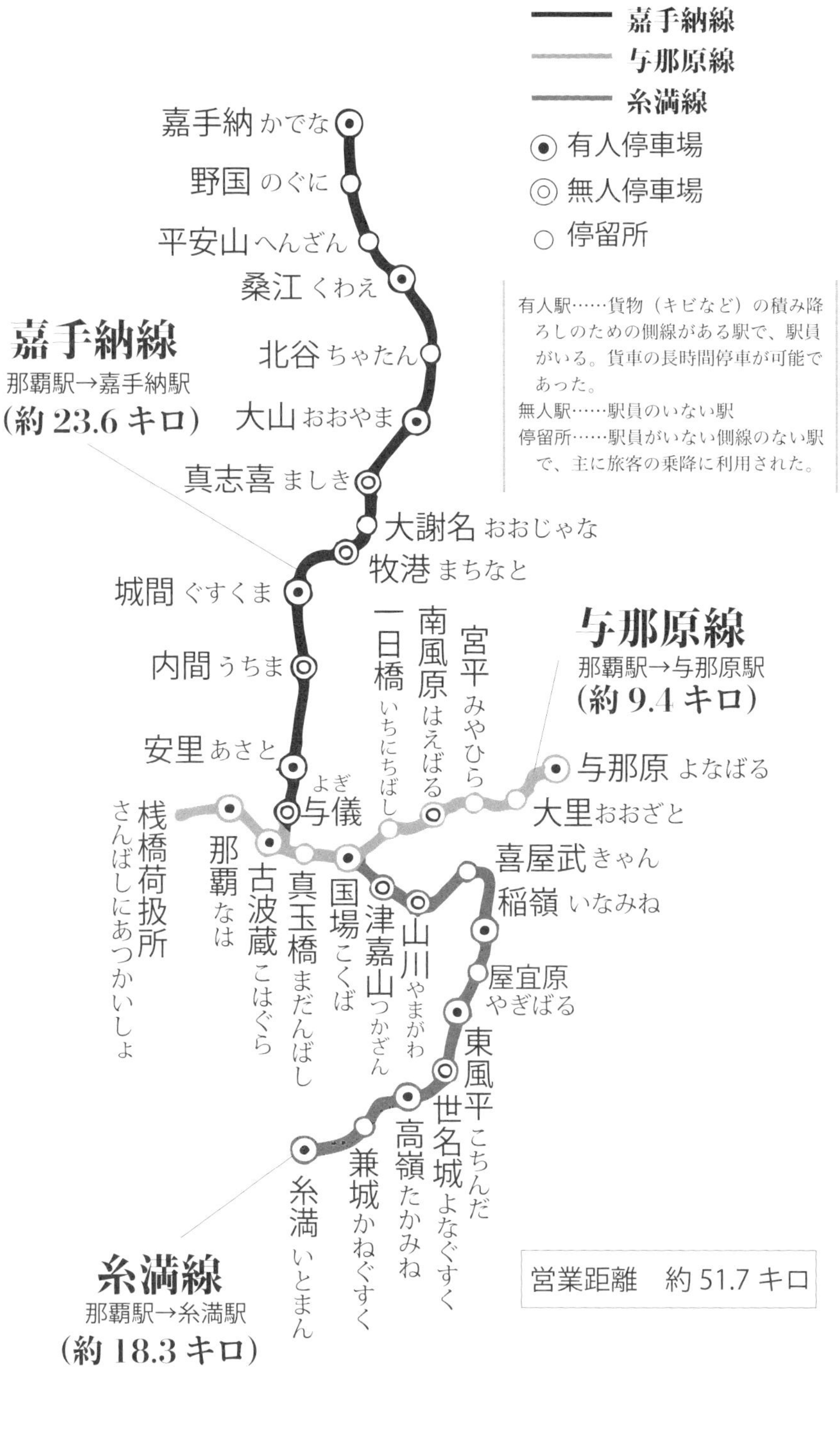
嘉手納線
与那原線
糸満線
有人停車場
無人停車場
停留所
有人駅……貨物（キビなど）の積み降ろしのための側線がある駅で、駅員がいる。貨車の長時間停車が可能であった。
無人駅……駅員のいない駅
停留所……駅員がいない側線のない駅で、主に旅客の乗降に利用された。
嘉手納線
那覇駅→嘉手納駅
(約 23.6 キロ)
与那原線
那覇駅→与那原駅
(約 9.4 キロ)
糸満線
那覇駅→糸満駅
(約 18.3 キロ)
嘉手納 かでな
野国 のぐに
平安山 へんざん
桑江 くわえ
北谷 ちゃたん
大山 おおやま
真志喜 ましき
大謝名 おおじゃな
牧港 まちなと
城間 ぐすくま
内間 うちま
安里 あさと
与儀 よぎ
一日橋 いちにちばし
南風原 はえばる
宮平 みやひら
与那原 よなばる
大里 おおざと
喜屋武 きゃん
稲嶺 いなみね
屋宜原 やぎばる
東風平 こちんだ
世名城 よなぐすく
高嶺 たかみね
兼城 かねぐすく
糸満 いとまん
山川 やまがわ
津嘉山 つかざん
国場 こくば
真玉橋 まだんばし
古波蔵 こはぐら
那覇 なは
桟橋荷扱所 さんばしにあつかいしょ
営業距離　約 51.7 キロ

各路線紹介　与那原線《よなばる》

与那原線は、大正３年（1914年）12月１日、県民の期待を受けて開通しました。那覇駅を起点に古波蔵・真玉橋・国場・一日橋・南風原・宮平・大里・与那原の９駅で延長約9.8km、有人駅は那覇駅・古波蔵駅・国場駅・与那原駅の４駅でした。もっとも、開通当初は那覇・国場・南風原・与那原の４駅からのスタートで、その後他の駅が増設され、大正11年以降、上記の９駅となりました。那覇駅—与那原駅間の運行時間は汽車で32分、昭和５年以降に導入されたガソリンカーでは26分でした。ガソリンカーの導入後も、汽車は併用されていました。

開通当時、琉球新報は「県鉄・与那原線の開通は、本県の交通運輸界の革新のさきがけで、同時に産業革新の一転期である」と、鉄道の導入が沖縄の陸上輸送における大きな変革であることを報じています。

開通式典は同年11月29日に開催されました。那覇駅には大きな緑門が設けられ、万国旗がひるがえる中、午後からは記念列車が２回往復しました。式典後には宴会が催され、各種の余興、ビヤホールやおしるこ等の出店が並び、夜になると当時はまだそれほど普及していなかった電球がサンサンと輝き、遅くまで賑わったといいます。国場、南風原駅など、他の駅にも緑門が設けられたようです。軽便鉄道への期待が大きかったことが伺えます。

与那原線は本島南部を東西に横断する形を取っており、那覇と与那原を連結する鉄道の開通によって、沿線の地域にとどまらず、本島中北部をも含めた東海岸一帯の広い地域の人々が恩恵を受けました。それというのも、与那原の港は古くから本島東海岸の中心的な港で、中北部地域との主に海上交通と通した物資流通上の要の地として、多くの物産の集散が活発に行われてい

根屋ヌ御殿（p28）

カンクウカンクウ（p30）

ウサン嶽（p34）

初代の与那原駅（琉球大学附属図書館所蔵）

たからです。実際、中北部の平安座、金武、久志、宜野座辺りの黒砂糖は山原船で与那原に陸揚げされ、軽便鉄道で那覇に運ばれました。また、サトウキビはトロッコ軌道を利用して与那原駅の集積場に運ばれ、西原の製糖工場に搬入されていました。

与那原線は、与那原近郊から那覇方面への中学生や女学校生の通学にも利用されました。軽便に乗って通学することが、中学校や女学校に進学できた若い男女の誇りともなっていたようです。

与那原駅から早朝6時35分発の一番列車では、3両編成の客車の一番前の車両が大人専用で、二番目の車両に女学生、三番目の車両に男子学生が乗るというのが、一種の慣行になっていたといいます。いつもは3両でも空席がある利用状態だったようですが、那覇の奥武山競技場での中学校対抗試合や二十日正月の尾類馬（ジュリウマ）見学、波之上祭（なんみんさい→p24）などの折には、那覇駅まで数多くの客を運ぶことができるように客車8両ほどの編成となり、機関車も前後についたようです。

【与那原線各駅】

□那覇駅……有人駅　□古波蔵駅……有人駅　□真玉橋駅……停留所　□国場駅……有人駅　□一日橋駅……停留所　□南風原駅……無人駅　□宮平駅……停留所　□大里駅……停留所　□与那原駅……有人駅

（与那原線各駅停車は→p18、マップは→p25）

各路線紹介　嘉《か》手《で》納《な》線

嘉手納線は大正 11（1922）年 3 月 28 日に営業を開始しました。軽便鉄道の 3 路線の中で一番長い路線です。

嘉手納線の各駅は、那覇・古波蔵・与儀・安里・内間・城間・牧港・大謝名・真志喜・大山・北谷・桑江・平安山・野国・嘉手納の 15 駅、総延長は約 23.6km で、与那原線の古波蔵駅から分岐して浦添、宜野湾、北谷、嘉手納地域へと運行しました。

有人駅は那覇・古波蔵・安里・城間・大山・桑江・嘉手納の 7 駅、那覇―嘉手納駅間の運行時間は汽車で 76 分（昭和 12 年）、ガソリンカーで 60 分でした。

嘉手納線の開通当日の新聞には、開通を歓ぶ人々で那覇駅のある旭町も嘉手納も賑わうだろうこと、当面は運賃を半額の割引にして一般の旅客を歓迎

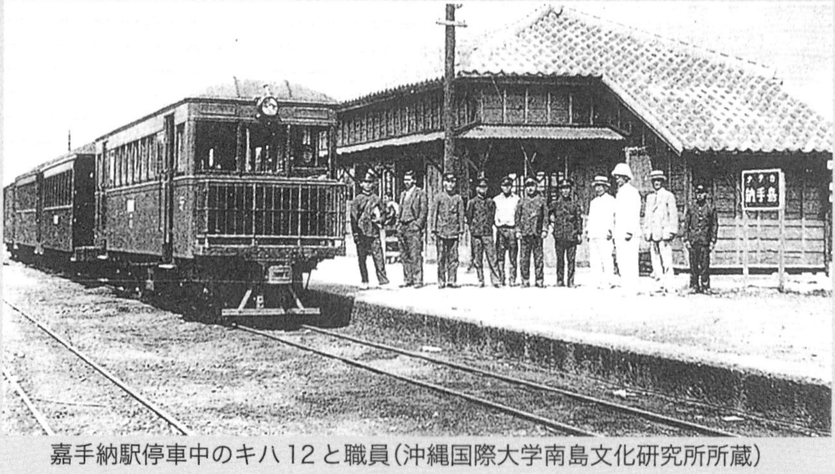

嘉手納駅停車中のキハ 12 と職員（沖縄国際大学南島文化研究所所蔵）

真志喜の火の神（p63）

大山のアラナキガー（p64）

浜川カーの合祀所（p71）

大山駅跡にて、草競馬に興じる米兵（『図説　沖縄の鉄道〈改訂版〉』より転載）

することが報じられました。また数日後の新聞には、旧３月４日の三月節句で那覇駅構内は、芝居見物に来た地方からの人々や嘉手納辺りまで散策に出かけようかという人々で混み合うほど賑わい、連日800名以上の乗客があった、ということが記されています。

嘉手納線の開通後、嘉手納製糖工場（明治45年創業）への側線が引かれてキビの搬入が行われ、また、それまで船による海上輸送で那覇に搬入されていた砂糖製品が鉄道による輸送に変わるなど、嘉手納線の営業は、本島中部地域の砂糖産業の発展に大きく寄与しました。

現在の嘉手納線跡、国道58号をたどると、片側に米軍基地のフェンスが続きます。1945年の沖縄戦によって多くの土地が米軍に接収されましたが、その土地が現在も米軍基地として使われていることも少なくありません。

嘉手納線の線路跡は、その一部が米軍基地の中にあるため、現在、私たちがその全容を確認することは残念ながらできません。

【嘉手納線各駅】
□那覇駅……有人駅　□古波蔵駅……有人駅　□与儀駅……無人駅　□安里駅……有人駅　□内間駅……無人駅　□城間駅……有人駅　□牧港駅……無人駅　□大謝名駅……停留所　□真志喜駅……無人駅　□大山駅……有人駅　□北谷駅……停留所　□桑江駅……有人駅　□平安山駅……停留所　□野国駅……停留所　□嘉手納駅……有人駅

（嘉手納線各駅停車は→ p44、マップは→ p51）

各路線紹介　糸満線《いとまん》

糸満線は大正12年7月10日に営業を開始しました。那覇・古波蔵・真玉橋・国場・津嘉山・山川・喜屋武・稲嶺・屋宜原・東風平・世名城・高嶺・兼城・糸満の14駅で、総延長は約18.3kmでした。

与那原線の国場駅で分岐して南風原、東風平、糸満地域へと運行しました。有人駅は那覇・古波蔵・国場・稲嶺・東風平・高嶺・糸満の7駅で、那覇―糸満駅間の運行時間は汽車で65分（昭和12年）、ガソリンカーで49分でした。糸満線は豊見城や南風原、東風平などからのキビが高嶺駅から隣接する台南製糖高嶺工場に搬入され、そこで作られた製品が那覇駅に送られる

東風平駅ホームの風景（琉球新報社提供）

字平川上の殿（p105）

卯ヌ方の獅子（p108）

世名城ナカヌカー（p110）

島尻地域の砂糖産業の発展に寄与しました。

与那原駅から西原村の製糖工場へ、嘉手納駅から嘉手納製糖工場へというように、終着駅が砂糖産業と大きく結びつく形で敷設されたことからすると、糸満線においては高嶺製糖工場の隣接する高嶺駅が終着駅の糸満駅より利用度が大きかったかもしれません。

与那原線や嘉手納線が終点駅に向かって、ゆるやかなカーブはあるもののほぼまっすぐに敷設されているのと比べると、糸満線の路線は山川から稲嶺にかけては極端なカーブを描き、U字型のルートになっています。

これは当時の県会議員で、玉城村奥武島出身の大城幸之一氏が出身地方面にまで路線を近づけたいとして働きかけたからだと言われ、そのためこのカーブは「幸之一カーブ」と呼ばれていました。

幸之一カーブ
山川駅から稲嶺駅にかけて
大きくカーブを描いていた。

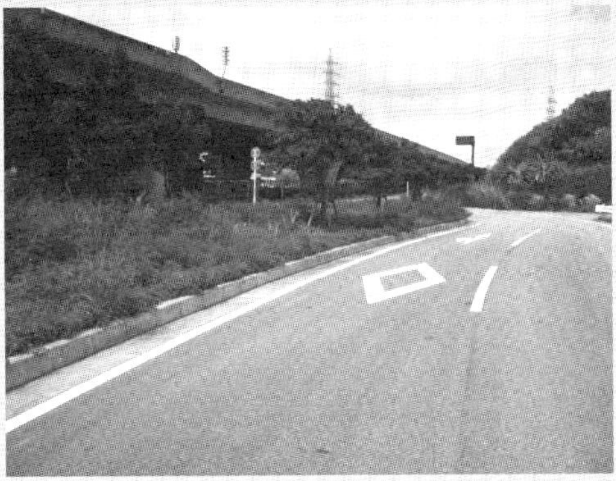

現在の幸之一カーブ付近
山川駅から喜屋武駅方面を望む

【糸満線各駅】

□那覇駅……有人駅　□古波蔵駅……有人駅　□真玉橋駅……停留所　□国場駅……有人駅　□津嘉山駅……無人駅　□山川駅……無人駅　□喜屋武駅……停留所　□稲嶺駅……有人駅　□屋宜原駅……停留所　□東風平駅……有人駅　□世名城駅……無人駅　□高嶺駅……有人駅　□兼城駅……停留所　□糸満駅……有人駅

（糸満線各駅停車は→ p94、マップは→ p99）

ちょっと解説　民俗スポット〈その1〉

拝所（はいしょ）

村落（ムラ／シマ＝字）やその構成員の繁栄・加護を祈願する場所の総称で、方言では「ウガンジュ」と呼ばれています。その中心となるのが御嶽ですが、その他にも人々による祈願の対象となってきた古い井泉や霊石、洞穴などが含まれます。

御嶽（ウタキ）

ノロをはじめとする神人によって、村落の豊作や豊漁などの祈願や祭りが行われた場所です。もちろん、現在でも字の地元の人々によって祈願などが行われていますが、職業も変化してきているので、祈願の意味としては、人々の一年の幸福や繁栄などが漠然と意識されているようです。

沖縄本島では、一般的には○○ウタキ、○○ウガン、○○グスクなどと呼ばれています。御嶽の森の内奥にはイビと呼ばれ、石香炉が置かれ最も神聖視される場所があり、神の鎮座、降臨する所といわれています。

御嶽内の木々を切り倒したり、取ったりすると、神罰が下るなどと言い伝えられてきました。

しかし、地域によっては、戦後の軍用地接収、近年の宅地開発や道路造成などによって御嶽の森が消失し、コンクリート造りの祠が建立されるなど、御嶽を取り巻く状況には大きな変化も見受けられます。

殿（トゥン）

方言ではトゥンあるいはトゥヌと呼ばれ、村落の人々が集まって祭祀を行った広場のことです。

沖縄本島南部の村落に一般的にみられるもので、大体は御嶽に隣接する場所にあります。

御嶽では神人を中心に祈願が行われ、その後に殿での祭祀が行われます。

神屋（カミヤ）

沖縄の門中祭祀の中心になっているのがカミヤ（神屋）です。

門中は始祖を共通にする父系親族集団で、一般的に門中墓を共同で維持管理し、オコデ（門中の神人）を中心に各種の先祖祭祀を定期的に行うなどの祭祀機能を持ちます。

門中は、日常的な交際や相互扶助といった場面でも重要な役割を果たしてきました。門中は「ムートゥ」あるいは「ムートゥヤー」と呼ばれる宗家と分家群で構成されます。

宗家の屋敷内には門中の神棚を祀る建物＝神屋があることが多く、なかでも最も古いとされる門中宗家の神屋は、村落の発祥の元として折々の祭祀の際に祈願されています。

ガンヤー

死者を乗せた棺を墓まで運ぶための御輿は、ガンと呼ばれていました。ガンには入母屋造りの屋根が付き、朱塗りに仏や蓮の絵が描かれ、戦後火葬が普及するまで使用されました。おもに村落（字）単位で所有し、現在でもそれを保管する建物をガンヤーと称し、村落の祈願の対象になっています。

第一章
与那原線

与那原線各駅停車

与那原線は現在の市町村でいうと、那覇市、南風原町、南城市、与那原町を通過していました。各駅跡地の現在の様子を追いかけながら、与那原線を探索してみましょう。(駅の開設年が判明しているものについては記載しました)

●那覇駅（なはえき、有人駅、大正３年12月開設、現・那覇市）

那覇駅は、県都那覇でも商業の中心地であった東町市場に隣接し、軽便鉄道の起点駅として多くの乗降客が利用し、物資が行き交いました。木造平屋で赤瓦屋根の那覇駅に入ると、左に事務所と出札口、右に待合室がありました。待合室の壁には、読谷村渡具知海岸泊城の奇岩〈→ p75、p89（66)〉を描いた大きな絵「琉球耶馬渓」が掲げてあったといいます。右角には売店があり、パンや駄菓子のほか、田舎では珍しいアイスケーキなども売っていました。戦後、那覇駅跡はバスターミナルになっており本島南部、中北部域のバスの起点になっています。ターミナルの構内にある「仲島の大石」〈→ p26、p36（1)〉が今も軽便の走っていた当時と同じ場所に残っています。

●古波蔵駅（こはぐらえき、有人駅、大正11年３月開設、現・那覇市）

駅周辺にはキビ畑と芋畑が広がり、駅の北側には嘉手納や高嶺の製糖工場から運ばれた糖蜜を利用したアルコール工場があり、そこで作られたアルコールは動力源として使われたようです。

当時、駅のそばにはきれいな枝ぶりのクワディーサー（モモタマナ）の木がありました。

女学生たちは売店で買ったあめ玉やタンナファクルーを食べながら汽車待ちをしたようです。古波蔵駅は与那原線の駅であるとともに、嘉手納線へ向かう分岐駅でもありました。

●真玉橋駅（まだんばしえき、停留所、大正４年７月開設、現・那覇市）

戦後３年ほど経っても、真玉橋近くには戦争で破壊されたケービンの貨車が転がっていたといいます。

現在、国道329号を南に少し入った整形外科医院辺りが駅跡です。

●国場駅（こくばえき、有人駅、大正３年12月開設、現・那覇市）

駅の周辺は畑が広がっていました。駅長、助役、役夫４人の６人ほどが勤務していたようです。国場駅はストレート葺きの平屋一棟で、駅舎内には売店もありました。国場駅はホームと停車した汽車との隙間が大きく開いていて、それを飛び超えるように乗車したそうです。

駅の側にはトロッコ軌道で搬入されたキビの集積場があり、キビは汽車で糸満の高嶺製糖工場まで運ばれました。

●一日橋駅（いちにちばしえき、停留所、大正４年７月開設、現・那覇市）

国場から一日橋まではススキの野原で、南風原駅まではキビ畑が続きました。

途中に民家は一軒もなく、畑の中を汽車は走っていいました。

一日橋駅は軽便鉄道の３線合わせて全32駅中、もっとも乗降客が少なく、夕暮れ時ともなると、待合所はひっそり閑として、幽霊の出そうな雰囲気だったという人もいます。

当時、一日橋では身投げ騒ぎが幾度かあったようですので、このこともそのような雰囲気を醸し出すことにあずかっていたのかもしれません。

◆今も残る鉄橋の橋脚

与那原線の真玉橋駅から国場駅の間には幾つかの大きな用水路のような溝があり、その上を線路が走っていました。

溝の両側は、上に線路が走る小橋を架けることができるように、レンガやコンクリートで頑強に作られていたようで、そのレンガ積みやコンクリートの根元部分が今もわずかながら残っています。〈→ p29、p37（11)〉

●南風原駅（はえばるえき、無人駅、大正３年12月開設、現・南風原町）

周辺地域の農家はサーターヤー（製糖小屋）で黒糖を製糖し、それをタルガー（砂糖樽）に入れて南風原駅に運び、那覇駅に搬入しました。

駅はキビ畑の中にあり、汽車の火の粉が飛んで、畑の枯葉に燃え移って火事になることもたびたびあったといいます。

南風原町字兼城での聞き取りによると、字には鉄道に従事する工夫が３人いたそうです。

城間松太郎氏、嘉手苅東太郎氏、仲本亀吉氏の３氏で、レールや枕木など鉄道の整備、補修管理を行っていたようですが、会社から作業服のほか、雨ガッパや長靴が支給されていたといいます。

現在、近代美術ビルが建っている場所からその裏側の駐車場も含めた辺りが南風原駅跡です。

●宮平駅（みやひらえき、停留所、昭和11年11月開設、現・南風原町）

南風原駅から宮平駅までの間には、大雨や台風時になると線路が浸水する箇所がありました。

そのため汽車が運休することもありました。

●大里駅（おおざとえき、停留所、大正６年１月開設、現・南城市）

宮平駅を出て大里駅に向かうキビ畑のなかに、直線の軽便道（線路跡の道）が200メートルほど残っています。

与那原線の中では、もっとも軽便鉄道に思いを馳せることのできる風景であると言ってよいでしょう。

皆さんにも是非、見に行ってほしい場所であり、また、いつまでも残されてほしい道です。

●与那原駅

（よなばるえき、有人駅、大正３年12月開設、現・与那原町）

与那原線の開通の折には仮駅（やや大里寄りにあった）として出発しましたが、翌年１月に本駅に移りました。

与那原駅は木造建ての駅舎でしたが、昭和６年に県鉄では唯一の鉄筋コンクリート造りに改築され、そのモダンぶりは県下一と言われたほどでした。

その駅舎は沖縄戦で一部が破壊されましたが、残った骨組みや壁を利用して改修が行われました。建物は現在も一部増築され、JA与那原の建物として使われています。正面玄関入り口には与那原駅についての説明板が設置されています。

大里駅から与那原駅に向かっては、下り勾配になっていますが、その線路跡の一部が現在、下水路として利用されています。

戦前、海に面した与那原の海岸では毎年７月末になると、女子師範、一高女の全校生徒の海水浴訓練が１週間も続いたそうですが、その期間中、那覇出身の女学生は汽車に乗ることができるのをとても喜んだといいます。市内での通学は徒歩によるという規則があって、普段は汽車に乗る機会があまりなかったからです。

お召し列車の機関士・高嶺百歳

かつて軽便の機関士だった人物にまつわるエピソードを紹介します。

高嶺百歳(たかみね･ももとし)氏。昭和45年に『琉球新報』に「お召し列車の機関士」として高嶺氏のことが取り上げられました。その百歳氏の息子さんとお孫さん、門中の叔父さんからもお話を伺いました。

百歳氏は1895（明治28）年に那覇市上泉町に生まれ、那覇尋常高等小学校を卒業しました。1917(大正6）年、22歳で沖縄県鉄道管理所に入社し、沖縄戦で県営鉄道が廃線になるまで、軽便鉄道の機関手として勤務しました。その間の1921（大正10）年３月６日、当時皇太子だった昭和天皇が欧州視察の途上、沖縄出身の軍人・漢那憲和少将が艦長を務めた軍艦香取で与那原に寄港します。その際、軽便で与那原から那覇まで移動することになりました。高嶺氏はその「お召し列車」の機関士に抜擢されました。

1970（昭和45）年、高嶺氏75歳の折に行われた先述の新聞のインタビュー記事によると、抜擢にあたっては筆記試験をはじめ、健康診断、実技試験などが行われ、拝命後

沖縄県鉄道開通20年を記念して撮影された写真。後列一番左が高嶺氏。

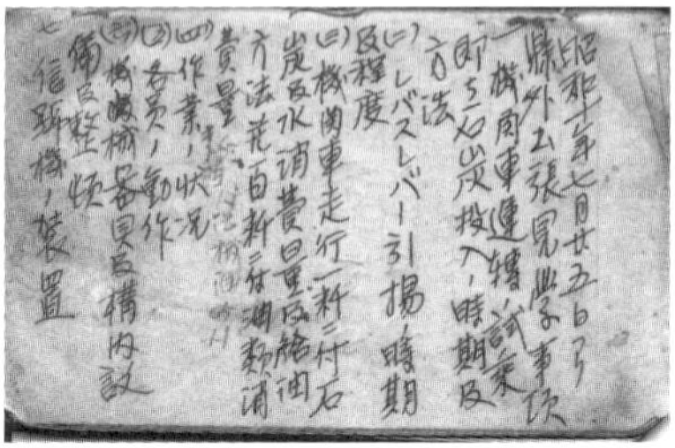

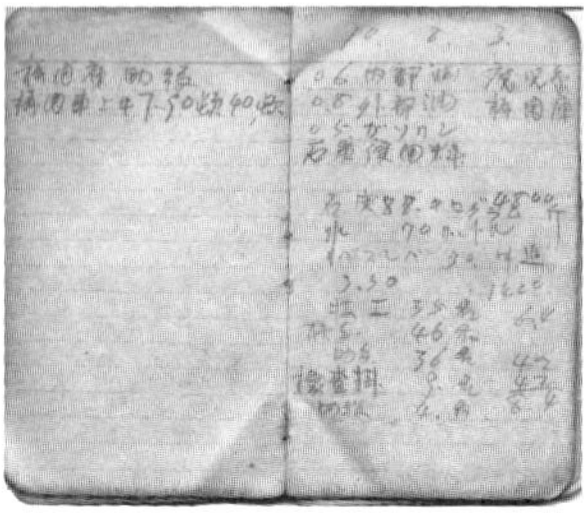

当時の様子がうかがえる高嶺氏のメモ

右から高嶺百歳さんの息子・正作さん、親戚の康二さん、孫の正吾さん

は、コップを車両のテーブルの上に置き、一滴の水もこぼさないように列車を進行させるという厳しい特訓が、業務後に続いたそうです。車両は機関車のほか３両編成で、うち１両は新車両が仕立てられました。

高嶺氏は記事中で当日のことを、「どうぞ事故が起こりませんようにと運転しながら神に祈りました。いつも通っている路線でしたが、周囲の景色はまったく目に入らず、与那原駅から那覇まで線路だけを見通しだった。わずか20分ほどの短い時間でしたが、あのときほど那覇が遠く感じたことはありませんでしたネ」と述べています。

百歳氏の長男、高嶺正作氏は「私は父の遅くにできた子で、父から生前、戦前の機関士として活躍した話を聞くことはあまりなく、お召し列車の機関手を務めたということで懐中時計を頂いたという話は聞きました」と話していました。

百歳氏の親戚である高嶺康二氏（大正15年生まれ）も、百歳氏とは30歳ほど年下であったため、百歳氏が機関士として活躍した頃のことについて直接話を聞いたことはなかったとのことでした。しかし戦後に門中や親戚の集まりなどがあると、「お召し列車」の話題でいつも盛り上がったといいます。その時も「陛下はどんな様子でしたか」という質問が出ると百歳氏は「自分は前を見て運転しなくてはならないのに、後ろの陛下のお顔を見ては大変でしょう」と、ユーモラスに答えていたといいます。

百歳氏は1974（昭和49）年、79歳で亡くなりました。百歳氏の従兄弟である英文学者の石川正通氏（故人、元順天堂大学教授）は、正作氏に宛てて手紙を残しています。「軽便鉄道の運転士として、与那原から那覇まで、皇太子をお乗せしたのが君の父高嶺百歳であったことを忘れるな。正作君よ、よく勉強して、父のような立派な人になりなさい」。

高嶺氏の家は現在でも、親戚知人から「ケービン」とか「ケービン高嶺」などの屋号で親しまれています。

鉄道の利用と年中行事

軽便鉄道は人と物資の大量輸送を可能にし、交易や産業振興に大いに貢献しました。また、軽便鉄道を利用した方々と話をしていると、「那覇・与那原・嘉手納・糸満各地で行われる祭りなどの行事の見物が楽しかった」と語られることが多く、普段は畑仕事や家事など、生活に追われた人々にとって、余暇の慰安や見聞を広げるという点でも大いに寄与したのではないでしょうか。

那覇駅は二十日正月（旧暦1月20日）の尾類馬行列や波之上祭（五月の波之上宮例祭）見物のため、各地からの多くの客が利用しました。辻町では華やかな尾類馬の行列が繰り広げられ、たくさんの観客が詰め掛けたようです。子どもたちは波之上祭に「なーなー、なんみーさい（波之上祭）、うーうー、運動会♪」という歌を歌いながら、出かけるのを楽しみにしていたといいます。

また、旧3月4日のハマウリ（浜下り、女子の節句）でも、軽便はたくさんの人々に利用されました。沖縄本島の西海岸には美しい砂浜が多かったからでしょうが、嘉手納線がよく利用されたようです。逆に、浜降りの祈願の後のアシビ（遊び）として、那覇に芝居を見にくる地方からの人々にも利用されました。

嘉手納駅は、比謝川や読谷の渡具知海岸に出かける那覇や南部の児童生徒の遠足にもよく利用されました。与那原駅は与那原での綱引きの日が賑わったほか、夏には海水浴に出かける那覇近郊の人々も多かったといいます。糸満のハーレー（爬龍船競漕）の際にも、大勢の人が軽便で見物に出かけたようです。

当時、那覇駅のあった那覇市旭橋周辺

与那原線散策マップ

昭和初期の乗降風景（那覇市歴史博物館提供）

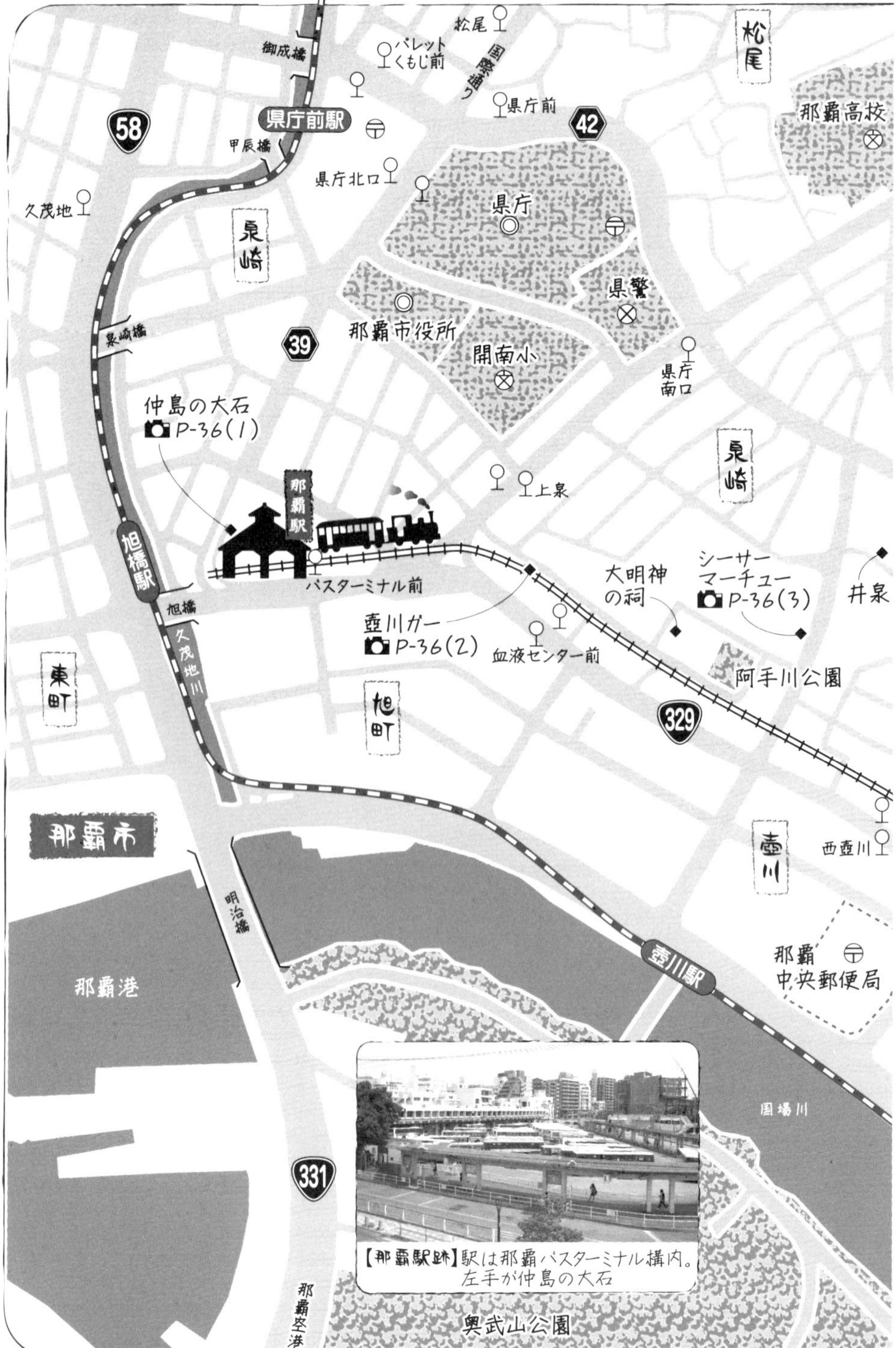

【那覇駅跡】駅は那覇バスターミナル構内。左手が仲島の大石

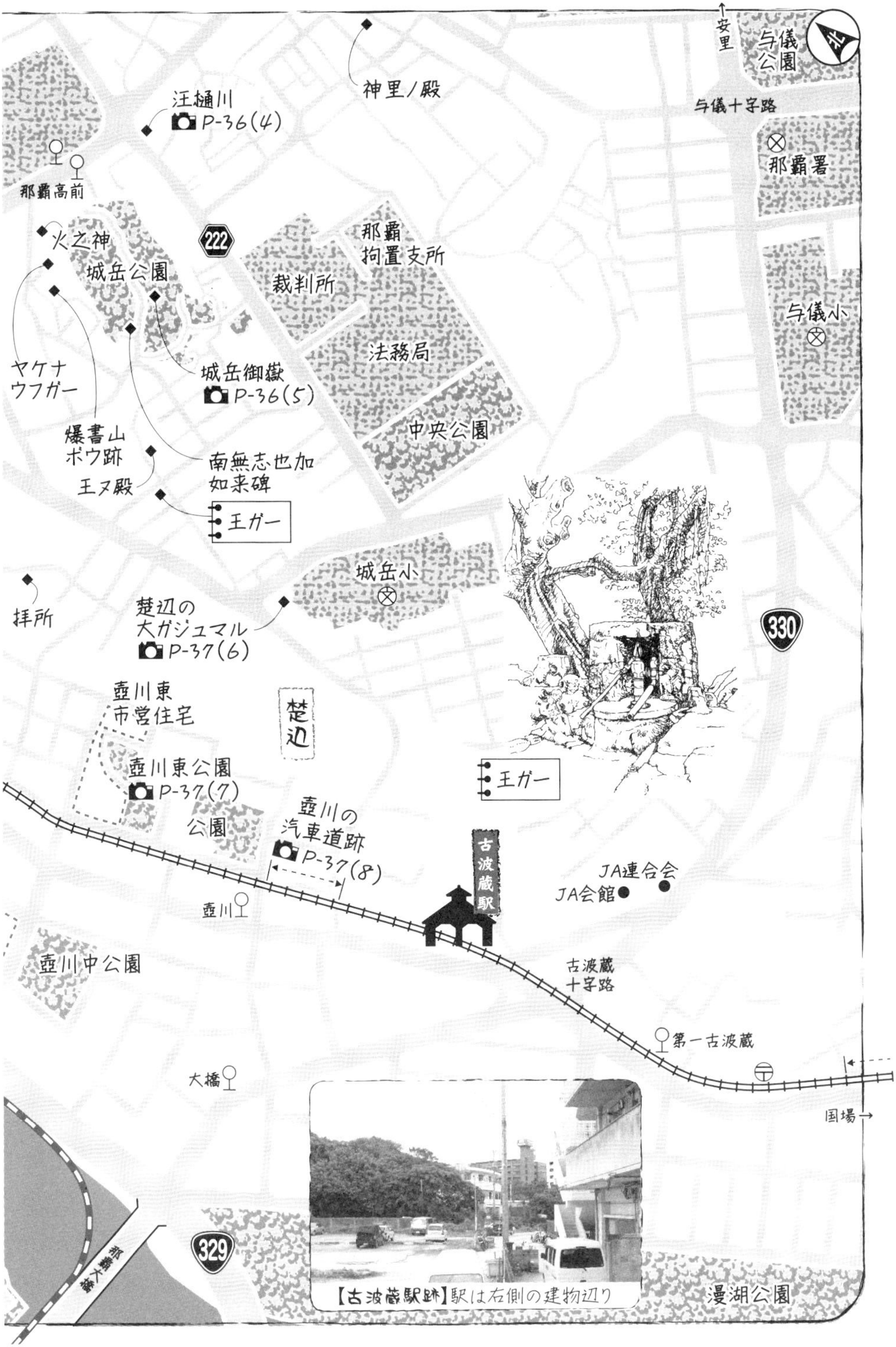
安里
与儀公園
北
神里ノ殿
汪樋川
P-36(4)
与儀十字路
那覇署
那覇高前
火之神
222
那覇拘置支所
裁判所
城岳公園
与儀小
法務局
城岳御嶽
P-36(5)
ヤケナウフガー
中央公園
爆書山ボウ跡
南無志也加如来碑
王ヌ殿
王ガー
城岳小
拝所
楚辺の大ガジュマル
P-37(6)
330
壺川東市営住宅
楚辺
壺川東公園
P-37(7)
王ガー
公園
壺川の汽車道跡
P-37(8)
古波蔵駅
JA連合会
JA会館
壺川
壺川中公園
古波蔵十字路
第一古波蔵
大橋
国場→
329
那覇大橋
【古波蔵駅跡】駅は右側の建物辺り
漫湖公園

【真玉橋駅跡】
駅は奥に見える真玉橋の遺構から右側手前の金網辺り

【国場駅跡】駅は丸彦アパートの裏あたり

【一日橋駅跡】右側の建物から一日橋交差点手前辺り。左手にある変電所が目印

識名公園
首里→
82
市民体育館
真地
真和志高校
JA
市民体育館前
真地団地入口
真地小
大空児童公園
市営真地住宅
真地団地
一日橋交差点
一日橋
一日橋
盲学校前
県営上間団地
沖縄盲学校
329
印刷団地前
南風原高校
兼城→
本部
南風原町

兼城
241
国場川
南風原駅
←一日橋
329
兼城橋
兼城十字路
JA
兼城の石獅子
P-39(17)
兼城
南風原間切
番所跡のフクギ
(保育所裏)
82
内嶺グスク
P-39(18)
兼城
公民館
イチンガー
・ミーガー
兼城
石獅子
ポンプ井
(児童公園内)
力石
P-39(19)
【南風原駅跡】近代美術ビル裏手の
駐車場辺り
警察人形
本部
南風原小
南風原中
南風原町役場
中央公民館
本部
公園
黄金森公園
南風原町

【宮平駅跡】右側奥の木々茂る手前あたり

宮城公園
ウガンモー
上ヌカー
ナカヌカー
ウスクガー
P-40(24)
前田場ヌ古ヤシチヌ拝所
大国子
宮城
ミーガー
P-40(23)
アガリヌウタキ
メーヌカー
宮城公民館
ノロ殿内
P-40(25)
宮城改善センター
上ヌ御嶽
クボーヌウタキ
変電所
メーカデカルヌウカー
タンカーウガミ
与那覇ノロ殿内
イントン
大見武
御殿小
トーマヌウタキ
←兼城
329
ウーヌミー小
第一与那覇
メーヌカー
P-40(26)
トムシヌトン
与那覇
公民館
東部消防署
南風原町
カー
カデガルヌトゥン
与那覇
ウサン嶽
与那覇
大里島袋
329
大里入口
㈱くみき
【大里駅跡】中央奥のJAのガソリンスタンドあたり
火の獅子
P-40(30)
大里駅
汽車道跡
P-40(27)
嶺井入口
JA
コンビニ
嶺井団地
大里嶺井
大里古堅
77
大里
北児童館
南城市

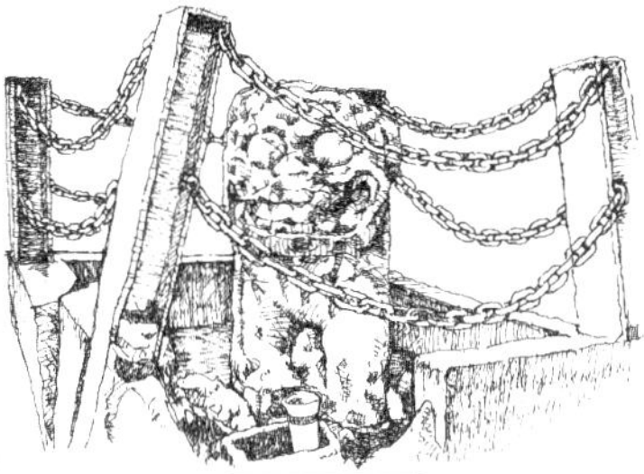

火の獅子

【与那原駅跡】
中央の木々の茂る辺りから奥

民俗スポット
与那原線

(1) 仲島の大石　現在、那覇バスターミナル構内にある高さ6m、周囲20mほどの大きな岩で、昔は海中から突き出た岩礁であったという。「分筆峰」と久米の人々から呼ばれ、村の風水上、縁起の良い岩とされていた。現在でも多くの人々が祈願のため訪れる。軽便鉄道の起点駅である那覇駅構内にあったこの岩が唯一、当時の面影を残している。

(2) 壺川ガー　国道329号から一本北側に入った道沿いのマンションの裏手にある村井泉跡である。下写真、一枚目は2年前の壺川ガー、二枚目は石碑や井戸跡、祠が若干移動され、改修された現在のもの。

(3) シーサーマーチュー(松尾)　ハーバービューホテル裏手に置かれている。

顔幅22cm、高さ70cm、胴回り159cm、台座まわり188cm、南西向き。

(4) 汪樋川　城岳ヒージャー（樋川）とも呼ばれている井泉。尚貞王の冊封使である汪揖は、首里城の竜樋（瑞泉門近くにある井泉）の水に次いでおいしいと記した。また、尚穆王の冊封使である周煌は、城岳と汪樋川の風景を中山八景の一つとして描いている。

(5) 城岳御嶽（古波蔵の御獄）　旧古波蔵村の御嶽で、写真の祠が丘の上に建つ。

日本で初めて明刀銭が発見された貝塚と

しても有名である。沖縄戦当時、日本軍の通信所があった場所で、二中（現那覇高校）健児の塔も建立されている。

(6) 楚辺の大ガジュマル　かつて古波蔵馬場付近の屋敷にあったガジュマル。

那覇市の都市・道路建設のアーバンデザインのもと残った。ガジュマルはクワ科の植物で、「絞め殺しの木」（strangler tree）といわれる。松の古木などに自生し、繁殖することもある。

(7) 壷川東公園　数年前まで公園内に、軽便鉄道のレールが設置されていた。

しかし、現在は消失し、説明板の文字も消えている。残念！

(8) 壷川の汽車道跡　国道329号沿い、

壷川バス停から北側に一本入ったところにある細い路地。

線路跡の上には現在、線路と同じ幅で民家が建っており、周囲よりも一段低くなっている。

(9) 古波蔵の汽車道跡　国道329号から一本北側に入った道で、300mほど鉄道軌道跡が道として残っている。

(10) 真玉橋の遺構　真玉橋は国場川に架かる橋で、1522年に創建、1836年に改修された。美しいアーチを連ねる、沖縄の石造文化を代表する橋だが、沖縄戦で破壊された。

1995年の（新）真玉橋の改修工事にともない遺構が発掘され、現在新造の真玉橋のたもとに設置されている。

(11) 鉄道の橋台（レンガの遺構）　国道329号沿い国場側の自動車関係の店舗横の溝に残る鉄道遺構。

レールを架けるために溝両側に施工されたコンクリートとレンガの土台の一部。

数少ない鉄道跡を特定できる遺構。

(12) 東（アガリ）ヌシーサー（字真玉橋）
村の守りとして字国場のカラヤームイ（瓦屋森）に向けて風難を防ぐ目的で置かれた。高さ 65cm、胴回り 240cm。

(13) 西（イリ）ヌシーサー（字真玉橋）
村の守りとして漫湖のガーナームイ（森）に向けて置かれた。
2005 年に建設された国道 329 号（那覇東バイパス）側に若干移動された。
高さ 67cm、胴回り 97cm、西向き。

(14) 雨賜りノ嶽（前ヌ毛ヌ上） メーヌモー（前ヌ毛）あるいはアマグイモー（雨乞毛）という土手の中にある石の祠。
干ばつ時には井戸水を汲んでここに供え､雨乞いの祈願をした御嶽であるという。

(15) アガリヌカー 二つの井泉が道路下にある。道路の擁壁側ともう一つは大アカギの根元にあり、昔の雰囲気が残る井泉である。

(16) ミートゥンダシーサー（字上間） 2 体とも東側の畑から移動された。山返しや風気返しの目的で置かれたという。「ミートゥンダ」とは夫婦のことで、2 体並びのシーサーは大変珍しい。

右側のシーサー：顔幅35cm、高さ55cm、胴回り145cm、東南向き。左側のシーサー：顔幅65cm、高さ62cm、胴回り215cm、東南向き。

(17) 兼城の石獅子　字上間へのケーシ（返し）のシーサーといわれている。

平成2年南風原町指定有形民俗文化財。顔幅37cm、高さ41.5cm、長さ103cm、胴回り235cm、北向き。

(18) 内嶺（ウチンミ）グスク　字兼城の御獄で、南風原町指定文化財になっている。西ヌ殿・中ヌ殿・里主殿・前ヌ殿・野原門・野原門御井泉・火の神・ノロ御井泉・兼城ノロ火の神の拝所が広い内嶺グスクに点在している。写真は「ノロ火の神」。

(19) 力石　青年たちが力比べに使った楕円形の石で、現在は兼城公民館前に置かれている。

(20) 交通安全人形　北丘小学校正門前置かれた通称「交通安全人形」。戦後、交通安全を願って建てられたコンクリート製の警察官の人形で、ある個人が私費を投じて造ったという話がある。主に本島南部地域の通学路近くの交差点や学校正門前に置かれていたが、今ではその数も減っている。高さ162cm、胴回り89cm。

(21) 山口ノロ石　宮平ノロがウマチー行事に出る際の馬に乗るための踏み石といわれている。山口（屋号）家の屋敷塀の前に置かれている。

(22) 善縄ウタキ（ウガンモー）　戦前は

ウガンヌメーと呼ばれていた広場で、現在、字宮平の合祀拝所として善縄ウタキの祠がある。『琉球国由来記』(1713年) には善縄嶽伝説が記されている。

(23) ミーガー 宮城改善センター前の道中にある井戸跡。
子供たちの遊ぶ公民館前の鉄棒前にあり、かつて井戸であったことを知る人は少ないかもしれない。

(24) ウスクガー (字宮城) 平成2年南風原町指定史跡。
天女降臨伝説で知られており、円形状の石積みが施された直径1.2mの井泉。
現在は、ウマチーなどの村落祭祀で拝まれている。

(25) ノロ殿内 (字宮城) 昭和の時代、

宮城農村公園内に再建されたノロ殿内の神屋。
宮城ノロが祀ってきた火ヌ神や複数の香炉が安置されている。

(26) メーヌカー (字与那覇) 与那原街道沿いにある、コンクリート補修された直径271cmの円形状の井泉。
ウブガーとも呼ばれ、初拝み、清明、ウマチーなどの村落祭祀で拝まれる。
神人はこの井泉の水で斎戒沐浴してイントンの御嶽に上ったといわれている。
戦前、干ばつ時でもこの井泉とイリヌカー (現在は消滅) は枯れなかった。

(27) 大里駅に向かう汽車道跡 (大里) キビ畑の中に汽車道跡が残る。

●火の獅子 (→ p35 イラスト) 大里の古堅のシーサーの頭が与那原に向いていたために、それに対抗し火返しのために建てたシーサーといわれる。
顔幅は49cm、高さは60cm、胴回りは180cm、東南向きのかわいいシーサー。

(28) 親川　与那原発祥に関係する井泉。御殿山の天女伝説との関連があり、東御廻りの巡拝地の一つ。

また、聞得大君（きこえおおきみ）の就任儀礼である「御新下り」の際の重要な巡拝地であった。

現在でも与那原をはじめ、他の地域から多くの人々が祈願に訪れる。

(29) 与那原のノロ殿内（上与那原）　与那原の祭祀を司祭していた与那原ノロ殿内の拝所。

現在、与那原の村落祭祀において祈願される。

(30) 前ヌ井（メーヌカー、上与那原） 正月三日、二月・五月・六月のウマチー、カシチーなどに拝まれる井泉。

180 年余前に造られた王府からの御拝領井だといわれている。

(31) シーサー（字与那原）　サルスベリの木に頭を押さえられたシーサー。　顔幅 46cm、高さ 96cm、長さ 54cm、胴回り 192cm、北東向き。

このシーサーを含め、字与那原に現存するシーサー４基は戦後に造られた。

製作者も同じであるという。

ちょっと解説

民俗スポット〈その2〉

合祀所（ごうしじょ）

近年の宅地造成や道路建設にともなって、かつての村落の御嶽や殿、井泉などの拝所が1ヶ所にまとめられ、そこで種々の祭祀が行われるケースが都市化された地域を中心に増えているようです。そのような複数の拝所が一カ所にまとめられた場所を「合祀所」や「集合拝所」などと呼んでいます。

シーサー

シーサーといえば、屋根の上に置かれている獅子像を思い浮かべるかもしれません。

しかし、沖縄では昔から琉球石灰岩などの石製の獅子像を直接地面において守り神とすることも少なくありませんでした。

これらのシーサーは、集落を火災から守るためのヒーゲーシ（火返し）やヤナムンゲーシ（悪霊返し）の目的で安置されました。

本島南部地域には、素朴でかわいらしいシーサー像が多く残されています。今回、実際に見たシーサーはサイズ測定と向きの確定を行いました。

土帝君（とうていくん）

「トーテェークン」の発音で呼ばれることが多く、村落の豊作、繁栄、人々の健康が祈願される拝所です。

古代中国で土地の神が「土地公」として信仰されたのが「土帝君」信仰の起源とされますが、沖縄には琉球王府時代に福建を往来した王府官人により伝えられ普及したようです。

神像は翁像ですが、消失しているケースが多く残念です。

井泉（せいせん、カー）

古来、人々は泉の湧くところを見つけ、その周りに住居を設けて集落を形成してきました。

そのため、古い井泉は神聖視され、拝所とされてきました。

沖縄の方言では井泉を「○○カー」「○○ガー」などと呼びます。井泉の役割や立地によって、村ガー（村の井泉）、ウブガー（産水を汲む井泉）、ヌールガー（ノロ専用の井泉）、アガリヌカー（村落東にある井泉）などがあります。

また、井泉の構造から○○ヒージャー（岩間から湧き出る水を樋で引いた井泉）、ウリガー（水を汲むために井泉口まで降りて行く井泉）などと呼び分けたりもします。

伝統的な作りでは、井泉の内部や上部が円形、半円形の石積みになっています。

しかし近年では石積みにコンクリートが上塗りされたり、コンクリートの屋根が付けられたりして、全体として四角ばった形状に変化している井泉も少なくありません。

また、泉の水が宅地造成などで枯渇したものや、井泉が埋められその跡に小祠が建てられたり、香炉が置かれただけの拝所になったりと、かつての面影をほとんど失ってしまっているケースも多く存在します。

第二章
嘉手納線

嘉手納線各駅停車

嘉手納線は現在の市町村でいうと、那覇市、浦添市、宜野湾市、北谷町、嘉手納町を通過していました。(起点から那覇駅・古波蔵駅は他路線と重複のため割愛しました。→嘉手納線全駅は p13、全路線図は→ p9)

●与儀駅（よぎえき、無人駅、大正１２年２月開設、現・那覇市）

与儀駅周辺は、当時は桑畑が広がっていたようです。現在の与儀小学校付近はアカムヤーと呼ばれる丘で、楚辺からアカムヤーに続く丘陵の間を汽車が走っていました。

与儀駅前にあった売店では、田舎にはない一つ一銭の赤に白地の縞の入った大きなアップリグヮー（飴玉）が売られており、地方から来る人はその飴玉を見るだけで那覇近くに来たという感じを受けたといいます。

●安里駅（あさとえき、有人駅、現・那覇市）

現在の沖縄都市モノレールの安里駅の近く、安里十字路の高架橋の手前あたりにありました。

ホームは改札口からかなり長い階段を上ったところにあり、高架橋の下からは電車やバスが走っていたようです。

安里駅は県鉄では３番目に乗降客の多い駅で、一般客の他、女子師範や県立一高女、一中（首里高校の前身）の多くの地方出の学生たちも通学に利用していました。駅前には「勉強堂」という文具店がありました。

●内間駅（うちまえき、無人駅、現・浦添市）

安里駅を出て、ゆるやかな坂を上ると、一帯には畑とススキの原野が広がっていたようです。車窓からは首里城正殿の甍が見えかくれしたといいます。ワイトゥイ（切り通し）を抜け、安謝川に架かる橋を過ぎるとすぐに内間駅がありました。その橋は1995年に架け替えられるまで、当時の橋梁橋台のレンガ積みの遺構があったといいます。

2008年現在、川の擁壁改修工事が行われており、工事関係者に尋ねると「前の橋の架け替え工事にすべて除かれたのでしょう。レンガは出てこないね」と、予想はしていたものの残念な答えしか返ってきませんでした。

内間駅から城間駅までの汽車道は、現在のパイプライン通りからサンパーク通りに曲がる形で、幅員が拡張されているものの、ほぼそのまま残っています。

●城間駅（ぐすくまえき、有人駅、現・浦添市）

駅長1人、駅員2人の有人駅で、駅舎は17.7坪でした。内間駅を過ぎてしばらく行くと、汽車は西側に大きくカーブします。

現在、サンパーク通りが国道58号とぶつかる付近にガソリンスタンドがありますが、城間駅はその手前の汽車道左手の住宅地にありました。ガソリンスタンド付近はキビの集積場だったということです。構内にあった城間駅長宿舎跡にはアパートが建っており、かつて宿舎敷地にあった井戸は、形は変わっていますが、ポンプで取水され今も利用されています。城間駅近くにはりっぱな松並木があったといいます。

●牧港駅（まちなとえき、無人駅、昭和12年3月開設、現・浦添市）

城間駅跡から国道58号に沿ってしばらく進むと、再び西側の住宅地に入った所で住宅地にぶつかり、一部その跡がたどれなくなります。その後、国道58号から一本西側に入った道につながり、牧港駅まで続いていきます。

駅はマチナトガー向かいの住宅と駐車場の辺りだったようで、次の大謝名駅に続く汽車道

は今もほぼそのまま残っています。今では想像もつきませんが、牧港周辺は、あまり人気もなくワイトゥイ（切り通し）になっていたので、フェーレー（山賊）が出ると恐ろしがられていた場所だったようです。

●大謝名駅（おおじゃなえき、停留所、現・宜野湾市）　周辺には田んぼが広がっていたそうです。

駅を出ると汽車道は住宅地に突き当たりますが、その屋敷境に狭い幅で汽車道が若干残っています。

汽車はその住宅地になっている辺りのワイトゥイ（切り通し）を抜け、国道58号を横切り、田んぼの中を通って真志喜駅へと向かいました。

●真志喜駅（ましきえき、無人駅、大正11年3月開設、現・宜野湾市）

真志喜駅は大山集落の近くに設けられ、大山の人々は大山駅よりもここを利用していたようです。

大謝名から58号を渡ると、古い住宅地の中に「ケイビンミチ」と地元で呼ばれている狭い道幅の汽車道がわずかに残っています。

しかし現在、周辺の宅地整理が進行中で、2年前にはあった道の一部と2つの井泉は無くなっていました。わずかに残るこの道や、築堤があったことを裏付ける汽車道そばの低い土地に建てられた民家も、そう遠くないうちに消えてしまうかもしれません。

●大山駅（おおやまえき、有人駅、現・宜野湾市）　駅長を含め6,7人の職員がおり､乗降場が2ヶ所もあったといいます。

瑞慶覧からキビ運搬のトロッコも敷設されていました。また、給水タンクの設備もあり、青小堀川から水を汲み、貨車の清掃も行っていたようです。大山駅は、大山

集落からかなり離れた場所に設けられていました。
沖縄製糖の宜野湾工場が隣接した場所にあって、キビの搬入などの便を考慮してのことだったようですが、駅の開設時にはその工場は閉鎖されてしまったために、大山駅に集められた集積場のキビは嘉手納の製糖工場に運ばれました。

●北谷駅（停留所、現・北谷町）　北谷の集落からかなり離れた西側の田んぼの中にあった駅でした。北谷駅の東側一体は「汽車道ぬ上」、西側は「汽車道ぬ下」と呼ばれていました。

また、駅は「エキグヮー」と呼ばれ、青年たちの遊び場でありました。製糖期になると城間駅や大山駅から嘉手納製糖工場へのキビ搬入のため、北谷駅では汽車の時刻が大幅に狂ったようです。
北谷の坂では、前後に二つの機関車がついた汽車がゆっくりと坂を上がって行くのがみられ、那覇～嘉手納間の移動時間が３時間ぐらい要することもあったそうです。

●桑江駅（くわええき、有人駅、現・北谷町）　駅長１人と事務員２人がいたということです。桑江駅は「クウェー駅」と呼ばれ、嘉手納線の中では大きな駅の一つでした。

駅のそばには蒸気機関車用の給水タンクが設置され、砂糖樽を保管する倉庫などもあったようです。
駅そばには荷馬車も集まり、具志川や越来（現在のうるま市や沖縄市）などから黒糖のタルガー（樽）が搬入され、那覇駅へ運ばれていました。現在の県道24号線の謝苅の坂から、桑江中学校辺りに至るまで様々なお店が軒を連ねていたようで、マチヤグヮー（店）や写真屋があったのは桑江駅と嘉手納駅くらいだったというほど、各駅と比べても桑江駅周辺は交通の要所としてたいへん賑わっていたようです。
汽車道は周辺より１m50cmから2mほど盛土され、コーラル（砂利）が敷かれていたそうです。

●平安山駅（へんざんえき、停留所、現・北谷町）

駅は細長いホームで、日よけの小屋があり、周辺に店などはなかったようです。

普段は中学生の通学や、門中の清明祭や出兵の見送りをするために那覇へ行く時に利用される程度でした。嘉手納まで行くときには汽車賃節約のために線路沿いを歩いて行く人も。軌道敷設工事が行われていた大正１０年頃、子どもたちは作業用の運搬車両を「トゥダナヌ　アッチョル」（戸棚が歩いている）などとはやし立てながら追って遊びました。字浜川出身の新垣勇氏（昭和１０年生まれ）によると、平安山駅に至る浜川ウタキまでは土手が高く築かれ、線路脇から２軒目奥にあった自分の家から見ると、前の家の茅葺き屋根の高さを汽車が走っていたそうです。製糖時期になると、キビを積んだ貨車を２～３両連結して、現在も残る浜川ウタキに向かってゆっくりと登っていったそうです。

●野国駅（のぐにえき、停留所、現・嘉手納町）

駅は野国集落の東側にありましたが、現在は集落が嘉手納基地となっているため、駅跡、集落ともなくなっています。駅周辺はキビやイモの畑が広がり、集落までは徒歩１０分ほどでした。

●嘉手納駅（かでなえき、有人駅、大正１１年３月開設、現・嘉手納町）

中北部方面の農産物を那覇に輸送する中継地で、駅周辺から比謝橋近くまで本屋、

文具店、理髪屋、食堂、雑貨店などが軒を連ね賑わいました。農産物は駅構内にある集積所に積まれ、那覇へと運ばれました。キビは越来、諸見里、美里、島袋、具志川辺りからはトロッコで、読谷山の大湾、比謝、伊良皆辺りからは荷馬車で運ばれ、嘉手納駅からの側線で嘉手納製糖工場へ搬入されたようです。昭和７、８年頃から駅のそばにタルガーヤー（樽屋）ができ、タルガーユーヤー（樽職人）たちがヤンバルから買い入れたシージャー木や松などで樽を作っていたそうです。普段は始発（午前６時１５分）と午後５時頃、乗車する汽車通学の中学生、女学生で混雑していました。また、五月ウマチー（稲穂祭）になると、客車の出入り口まで一般客であふれていたといいます。

軽便鉄道に関する歌

軽便について歌った沖縄民謡として、戦後に作られた「軽便鉄道節」という歌があります。

作詞は徳田安周、作曲は三田信一で、フォーシスターズ（屋良ファミリーズ）が歌い流行らせたものです。今もＣＤに収録されていますが、働き者のアフィー（お兄さん）を軽便の汽笛も応援しているというように、ウチナーグチによるユーモラスな歌詞になっています。

ところで、戦前の日本でよく歌われた鉄道にまつわる歌としては、「汽笛一声、新橋の」で始まる有名な「鉄道唱歌」がありました。

日本各地の鉄道路線ごとに駅名・地名や沿線風景などを歌詞に盛り込み、歌を楽しみながら地理の勉強にも役立つということで、明治33（1900）年に「地理教育鉄道唱歌」として発表されたといいます。

作詞は大和田建樹氏によるもので、曲は元々５人の手によって作られたもののようですが、その中で多梅雅（おおの・うめわか）氏作の曲が、テンポがよく覚えやすいという点から、広く歌われました。

鉄道唱歌は東海道編１、東海道編２、山陽・九州編、奥州・盤城線編、北陸地方編、関西・参宮・南海各線編等が作られ、歌詞は全334番もあり、日本で一番長い歌としても知られていました。その後も、各地の鉄道について歌詞が作られ、鉄道唱歌の曲に乗せて歌われたようです。

そのような中で、沖縄の軽便につ

軽便鉄道節

軽便汽車乗てぃ　まーかいが
那覇ぬ市ぐゎ樽皮屋
買てぃ戻やい砂糖代
だてーん儲きてぃ家ふちゅん
シタイ！アフィー小ちばりよー
鳴ゆる汽笛ん
アフィー！アフィー！アフィー！
（作詞・徳田安周）

「軽便鉄道節」のレコードジャケット
（撮影協力・島唄カフェいーやーぐゎー）

沖縄県鉄道唱歌

開け行く世にめでたやな
　陸には走る鉄道の
那覇の港を立ち出れば
　はや時の間に国場駅
待つひまも無く千代かけて
　結ぶちぎりは浅からず
識名の園に奥武山
　南風原、与那原はるばると
昔なつかし中城
　みどりを影に護佐丸の
いさを仰ぐも尊しや
　駒のあかきの小石原
石原の道、後たえて
　南の国のことわざの
進み行くこそ楽しけれ
　進み行くこそ楽しけれ
（作詞者不明、作曲・多梅雅）

いても、「沖縄県鉄道唱歌」が大正3年の与那原線開通の年に作られています。（上記、作詞者は確認できず）

安里にあった一高女に与那原から通っていた女性たちが数年前に「軽便友の会」を発足し、年に一度の集いを持ち親睦を重ねているという話を、与那原町議のお一人から伺いました。「軽便友の会」メンバーのお一人である大嶺輝子さんが、当時の軽便鉄道での通学の様子を盛り込んで、下記のような「軽便通学の歌」を作詞しています。

「沖縄県鉄道唱歌」の古めかしい歌詞よりも、ずっと親しみやすい気がしますが、いかがでしょうか。

与那原線から古波蔵駅で嘉手納線に乗り換えて通学した安里までのすべて駅名が盛り込まれていて、懐かしくも楽しかりし女学生時分の雰囲気がいきいきと伝わってくる歌詞になっていますよね。

軽便通学の歌

一、汽笛一声与那原を
　早我が汽車は離れたり
　大里、宮平、南風原と
　軽便鉄道進みゆく
二、一日橋を過ぎ去りて
　右手に識名の名園を
　眺めて汽笛を鳴らしつつ
　アフィーアフィーと走り行く
三、国場の流れの真玉橋
　涙を誘う物語
　シッタンガラガラアフィーと
　古波蔵駅に着きにけり
四、女師一高女の生徒らは
　嘉手納線に乗りかえて
　与儀の農園あとにして
　汽車は安里に滑り込む
五、ドヤドヤドヤッと生徒らは
　板の階段踏み鳴らし
　想思樹並木を通り抜け
　我が学び舎にGO！GO！GO！
（作詞・大嶺輝子）

嘉手納線散策マップ

牧港から大謝名間を走る嘉手納行き列車。現在の県営大謝名団地付近を走行している。(『図説　沖縄の鉄道〈改訂版〉』より転載)

国場川
329
西壺川
↑久茂地
シーサー
マーチュー(松尾)
P-36(3)
壺川中公園
壺川
那覇大橋
329
壺川東市営住宅
壺川
東公園
王の殿
大橋
太橋
市街地住宅
壺川
公園
楚辺の
大ガジュマル
P-37(6)
王ガー
221
美田
市街地住宅
壺川の汽車道跡
P-37(8)
古波蔵駅
城岳小
古波蔵
第3団地
半円形アパート前
の道が汽車道跡
中央公園
日本赤十字
県支部
楚辺
JA会館
古波蔵
交差点
第一
古波蔵
古波蔵
市街地住宅
汽車道跡は
330号と重なる
古波蔵
330
農協会館前
古波蔵
荒神
与儀小前
土帝君とアカムヤーガー
下仲の拝所とカー
P-78(1)
なかよし
公園
JA
【古波蔵駅跡】駅は右側の建物辺り
ちびっこ公園
A&W
根屋ヌ御殿
カー
与儀
井戸
国場↓
古蔵小
寄宮↓
拝所・井戸
カー

【与儀駅跡】与儀十字路から右側の与儀公園入り口辺り

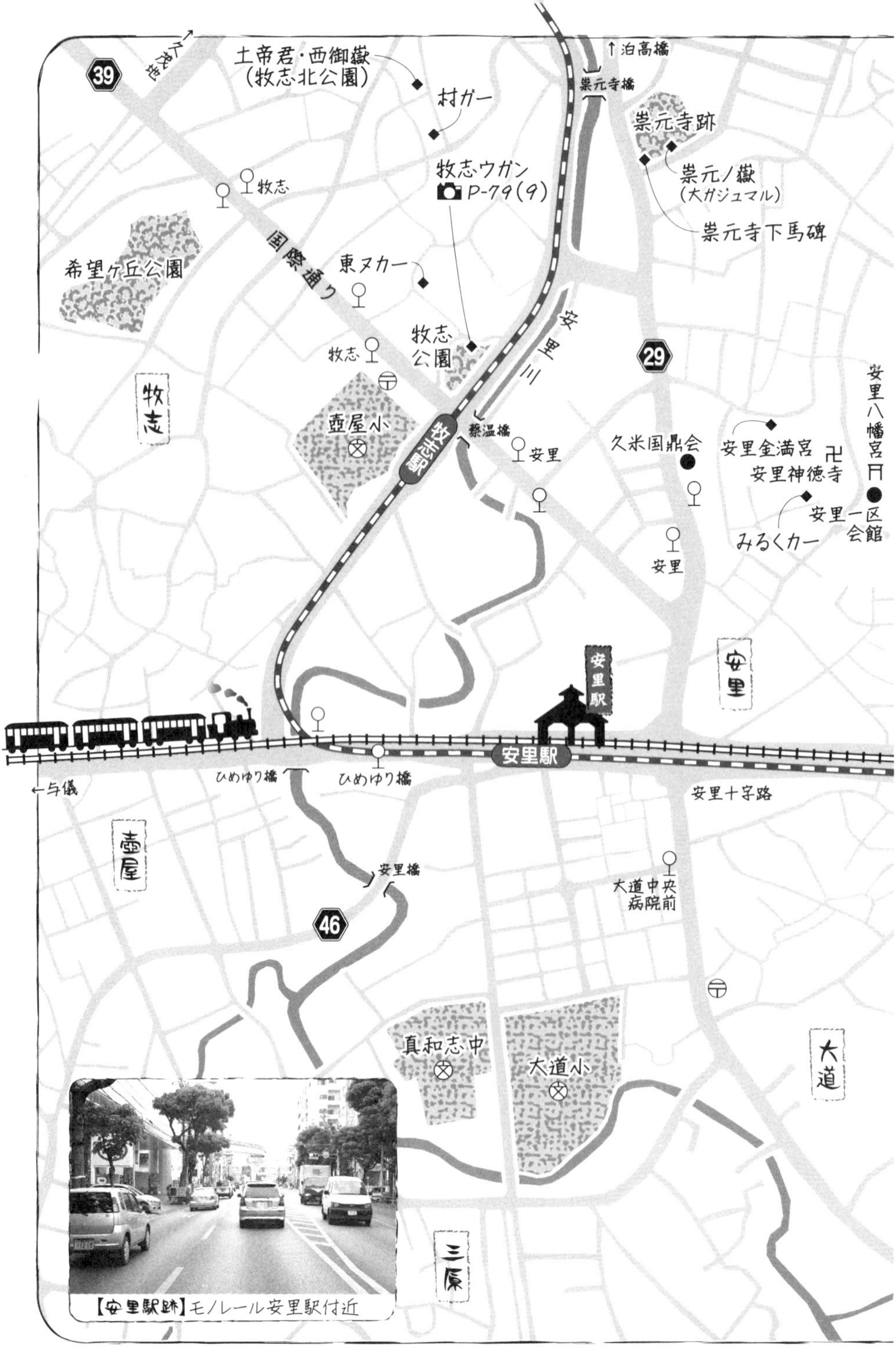

【安里駅跡】モノレール安里駅付近

那覇市
天久
県立
博物館
美術館
ハローワーク
新都心公園
天久
サンエー那覇
メインプレイス
市上下水道局
おもろまち
おもろまち4
シュガーローフ跡
（安里緑地）
DFS
ギャラリア沖縄
コンビニ
おもろまち
駅前広場
首里
安里
教会
おもろまち駅
おもろまち駅前
真嘉比
330
西ヌカー
P-79(10)
真嘉比殿内
P-80(12)
真嘉比
真嘉比小
真嘉比
自治会館
前ヌ毛
P-79(11)
東ヌカー
首里

那覇市
安岡ガジュマル公園
安岡中前
宮城
安岡中
安岡市街地住宅
銘苅
新都心公園
てんとうむし公園前
銘苅市営住宅
消防本部
市役所新都心銘苅庁舎
銘苅小
公園
天久
銘苅てんとうむし公園
82
安謝川
銘苅1
内間入口
前の橋
251
銘苅かりゆし公園
竜宮神・カチラガー
P-80(13)
県営天久高層住宅
新都心銘苅市営団地
古島
宇久増橋
A&W
セメント工場
古島団地
内間
古島駅
興南高前
古島インター
古島インター
興南高・中
宇久増公園
末吉共同住宅
末吉西公園
末吉市営住宅
大神公園
首里末吉町
古島
真嘉比
古島中公園
松島小
末吉東児童公園

【内間駅跡】左手社会保険事務所辺り

宮城殿合同祠
(公園内)
P-80(17)
←安謝
宮城
宮仲
児童公園
宮の浦
児童公園
殿下橋
宮城
小湾川
チョンダ
公園
宮城公民館
ひまわり
公園
ういるみ橋
仲西小
宮城小
大宮公園
JA
仲西中
小湾
パイプライン通り
宮城
入口
宮城公園
若太陽橋
小湾
児童公園
かがみ橋
大平養護学校前
大平
養護学校
軽便鉄道のレール
(屋外展示)
P-81(20)
大平
陽明高前
←那覇
安里バイパス
330
陽明高校
小湾川

北
米軍施設
キャンプ・キンザー
浦添市
58
屋富祖
城間駅
駅長宅の井戸
シンダカリカー
同仁
病院
城間
三和交通
屋富祖
38
メンダカリウカー
(駐車場内)
城間駅
ピザハウス
前ヌカー
P-81(18)
城間の合祀所
城間公民館
トヨタ
カローラ
うしも公園
屋富祖の拝所
大ガジュマル
P-81(19)
あさがお
公園
城間2
屋富祖
入口
城
間
すみれ公園
たんぽぽ
公園
城間南公園
大平
浦城小
251
パイプライン通り
西原
【城間駅跡】正面の建物辺り

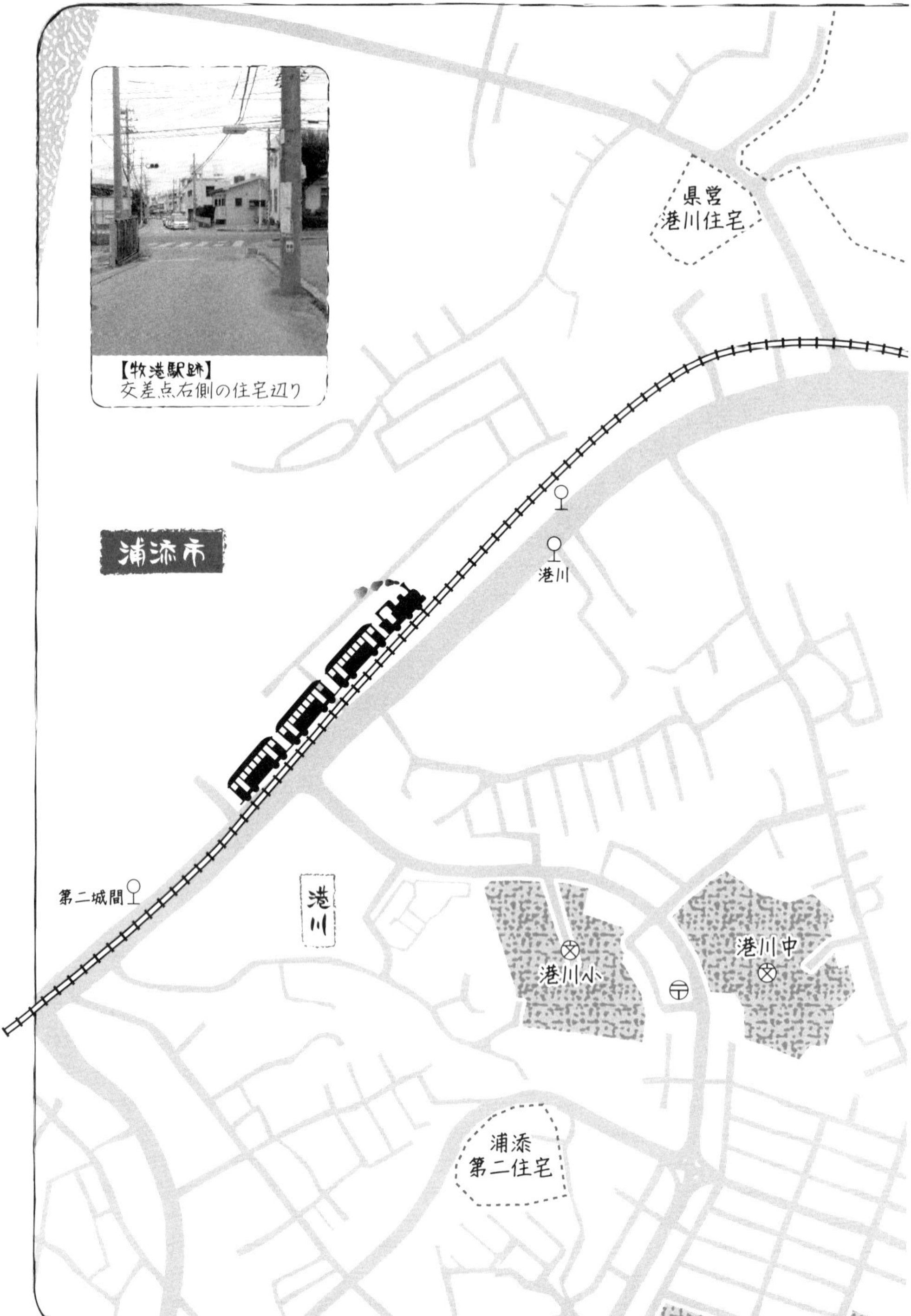
【牧港駅跡】
交差点右側の住宅辺り
県営
港川住宅
浦添市
港川
第二城間
港川
港川小
港川中
浦添
第二住宅

牧港火力発電所
牧港漁港
北
テラブのガマ
上野
自治会館
第一牧港
うえの公園
県営浦添
市街地住宅
テラブのガマ
P-81(22)
牧港
伊佐
牧港
58
マクドナルド
牧港駅
汽車道跡
マチナトガー
P-81(23)
牧港第二橋
汽車道跡
牧港公民館
牧港の御嶽
雨水の神の拝所
P-81(24)
153
牧港川
県営
牧港団地
153
伊祖

58
ゆうひ公園
竜宮神
大謝名
がじゅまる公園
宇地泊
←浦添
宇地泊
JA
宇地泊公民館
【大謝名駅跡】
道路右側の食堂の辺り
大謝名駅
汽車道跡
クンカー
牧港第一橋
大謝名
汽車道跡
大謝名団地
251
大謝名小
ウシアミシガー
P-82(26)
JA
宇地泊川
大謝名公民館
土帝君
251
中大謝名
比謝橋
大謝名メーヌカー
P-82(25)
ウカマ
34
大謝名
宜野湾市

北
ゆうな
児童公園
市立
グラウンド
宜野湾高校
シーサー児童公園
宜野湾消防署
真志喜出張所
真志喜中
宜野湾高校前
あだん
児童公園
タコグワークエー
の拝所
P-83(31)
JA
大山
メンダカヒーガー
P-83(32)
真志喜駅
ましき
児童公園
わかたけ児童公園
真志喜
カーグワー
P-83(33)
ペプシコーラ
第一大山
北谷→
シチャヌカー
P-83(29)
汽車道跡
第二真志喜
宜野湾警察署
大山
前本部の
火の神
いすのき児童公園
大山御嶽碑
P-84(34)
マーチヌカー
真志喜
火の神
真志喜
公民館
ツナの
カミ
58
ノロ殿内
P-82(27)
オクマ
大山貝塚
P-84(35)
真志喜
軽便鉄道の車輪
(宜野湾市立博物館)
P-82(28)
森の川
P-83(30)
西森碑記録
西ヌ嶽
(アーチ型石門)
上具志川之御嶽
P-84(36)
クウェーカー
森川公園
西ヌ嶽
(アーチ型石門)
【真志喜駅跡】右手の住宅辺り
米軍施設 普天間飛行場

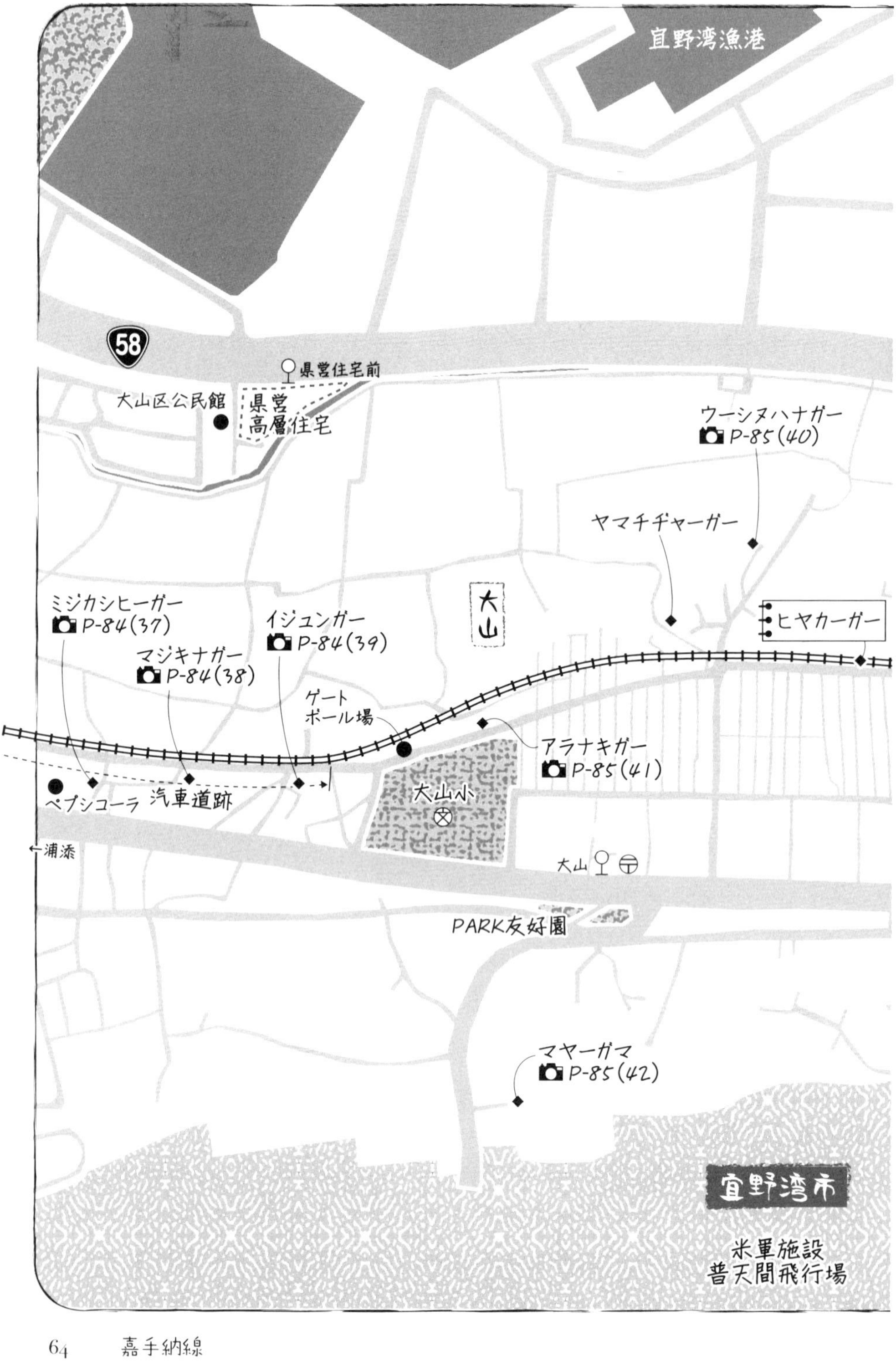

宜野湾漁港
58
県営住宅前
大山区公民館
県営
高層住宅
ウーシヌハナガー
P-85(40)
ヤマチヂャーガー
大山
ヒヤカーガー
ミジカシヒーガー
P-84(37)
イジュンガー
P-84(39)
マジキナガー
P-84(38)
ゲート
ボール場
アラナキガー
P-85(41)
ペプシコーラ
汽車道跡
大山小
←浦添
大山
PARK友好園
マヤーガマ
P-85(42)
宜野湾市
米軍施設
普天間飛行場

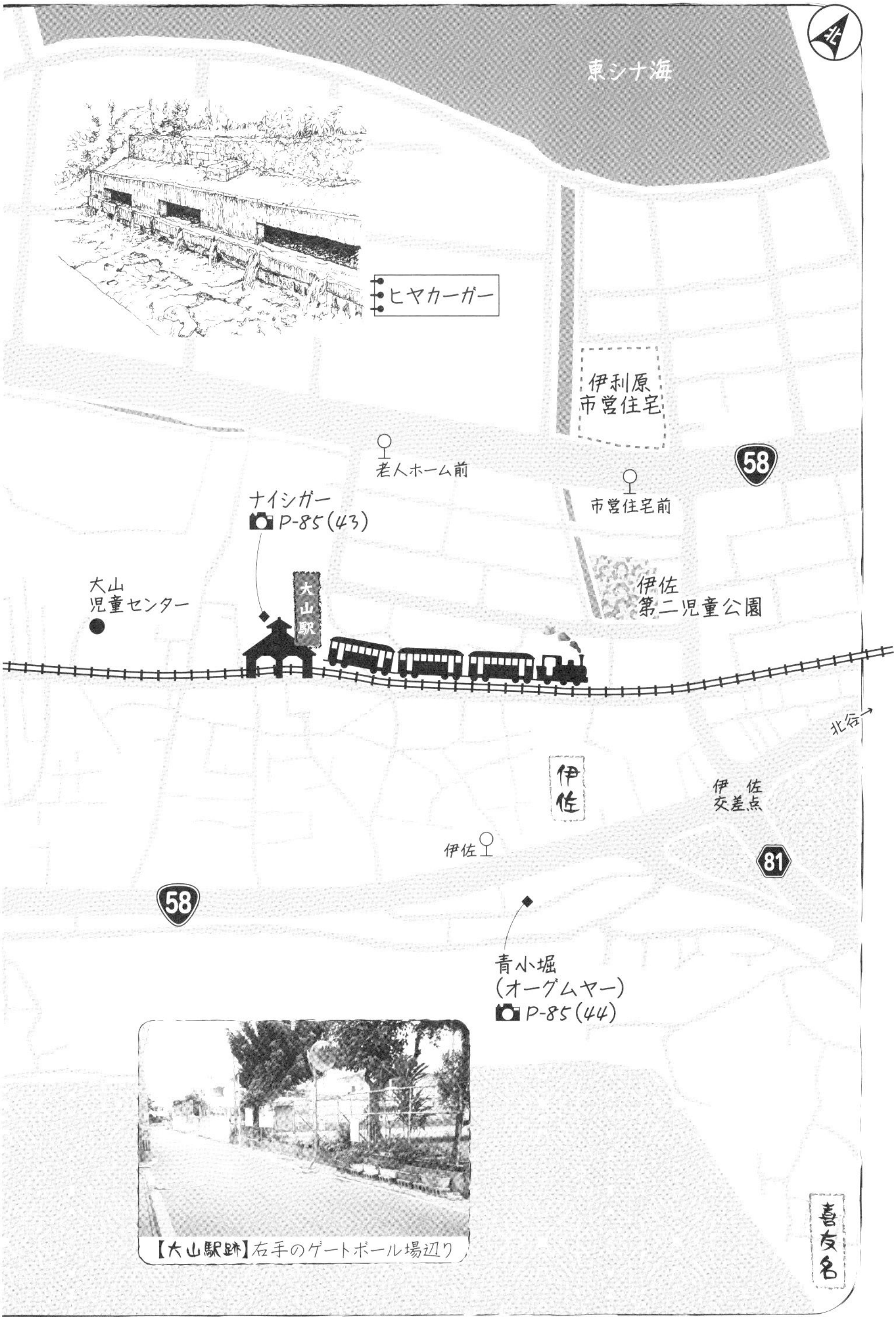
北
東シナ海
ヒヤカーガー
伊利原
市営住宅
老人ホーム前
58
市営住宅前
ナイシガー
P-85(43)
大山
児童センター
大山駅
伊佐
第二児童公園
北谷→
伊佐
伊　佐
交差点
伊佐
81
58
青小堀
(オーグムヤー)
P-85(44)
【大山駅跡】右手のゲートボール場辺り
喜友名

←浦添
市営住宅前
合祠拝所
(伊佐公民館)
伊佐公民館
58
伊佐
第二公園
伊佐
児童公園
伊佐
農協前
沖縄県
労働金庫
伊佐
市営住宅
←浦添
58
伊佐川
フンシンガー
P-85(45)
伊佐浜
新造佐阿天橋碑
P-86(46)
宜野湾市
81
喜友名
普天間→

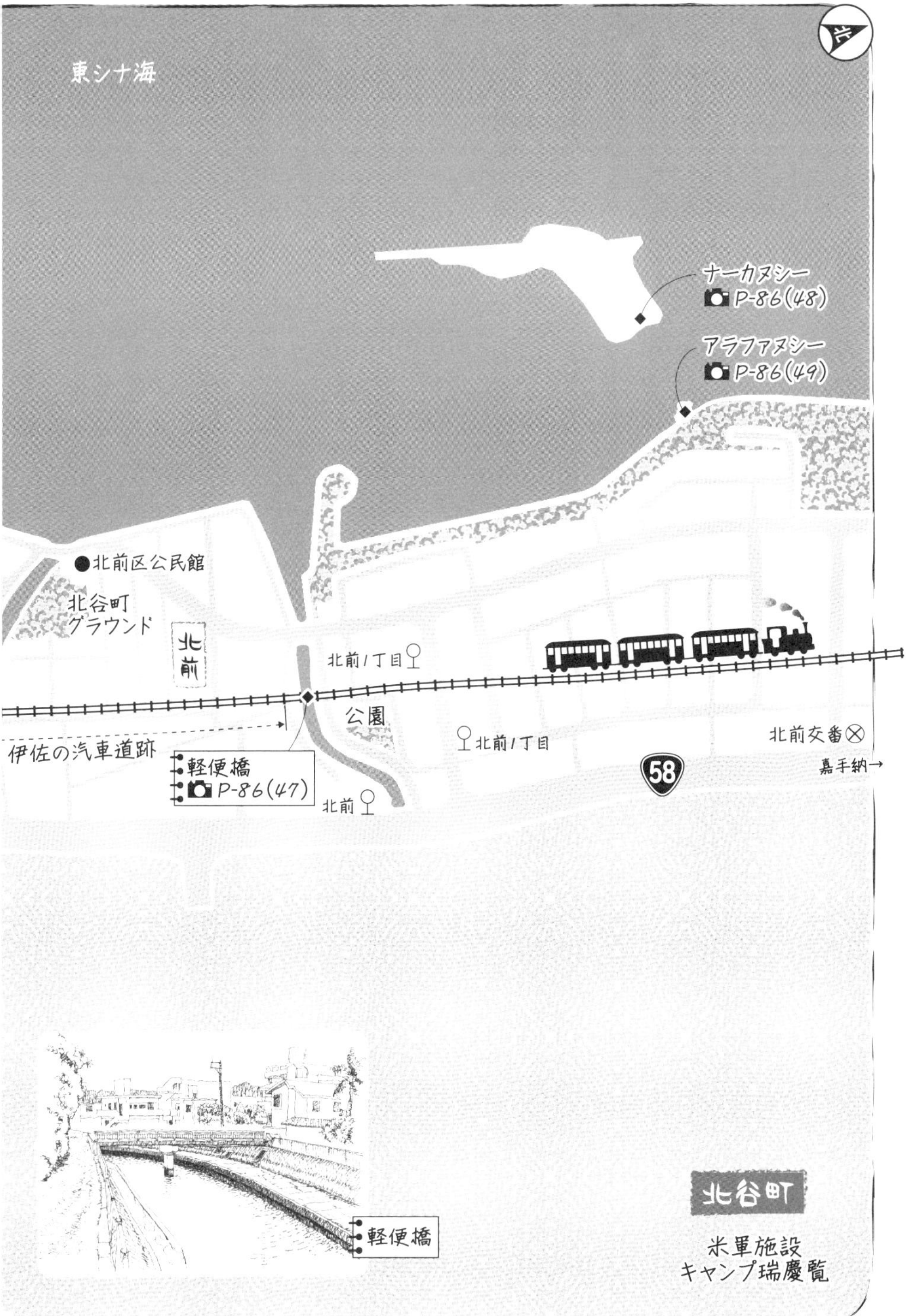
北
東シナ海
ナーカヌシー
P-86(48)
アラファヌシー
P-86(49)
北前区公民館
北谷町
グラウンド
北前
北前1丁目
公園
北前1丁目
伊佐の汽車道跡
軽便橋
P-86(47)
北前
北前交番
58
嘉手納→
軽便橋
北谷町
米軍施設
キャンプ瑞慶覧

【北谷駅跡】
写真中央の沖縄県介護保険広域連合の建物の右側辺り

【桑江駅跡】
道路左手の桑江中学校正門辺り

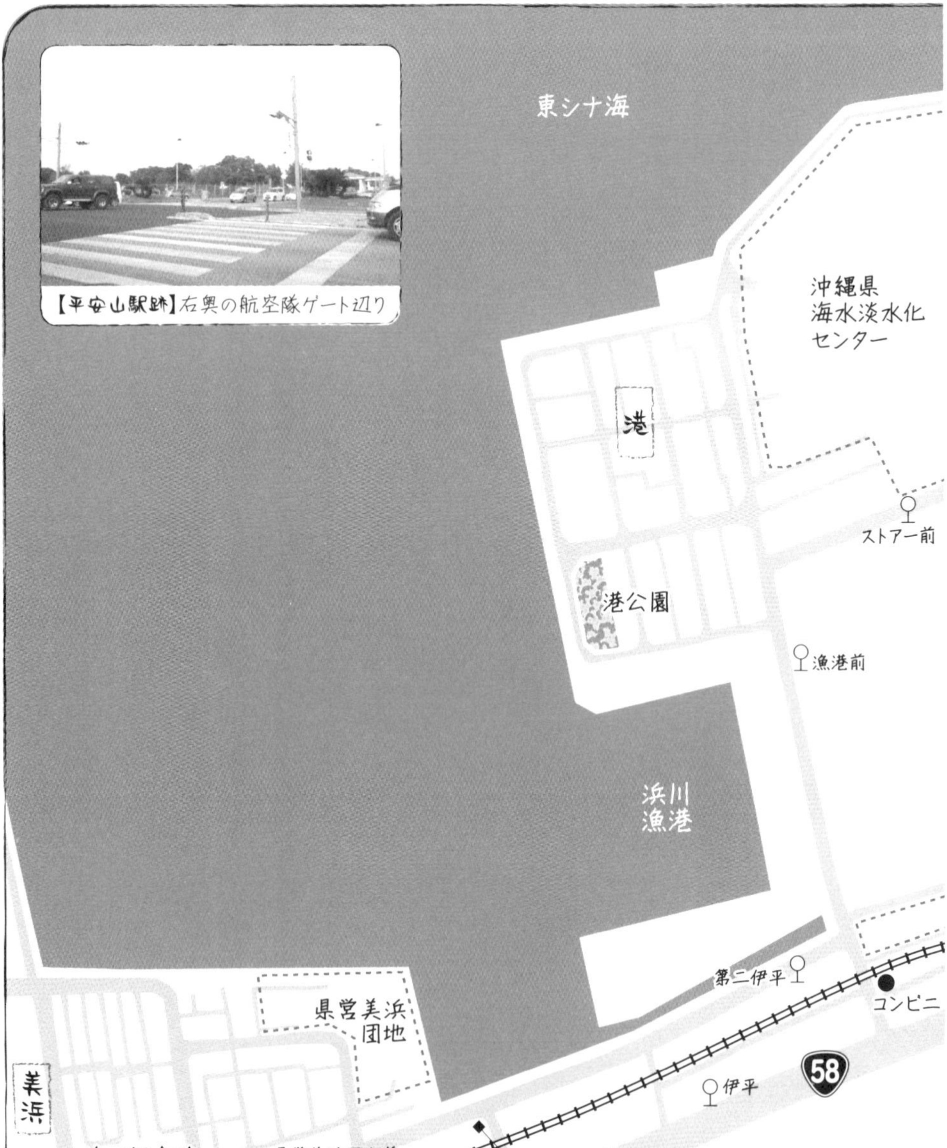

【平安山駅跡】右奥の航空隊ゲート辺り

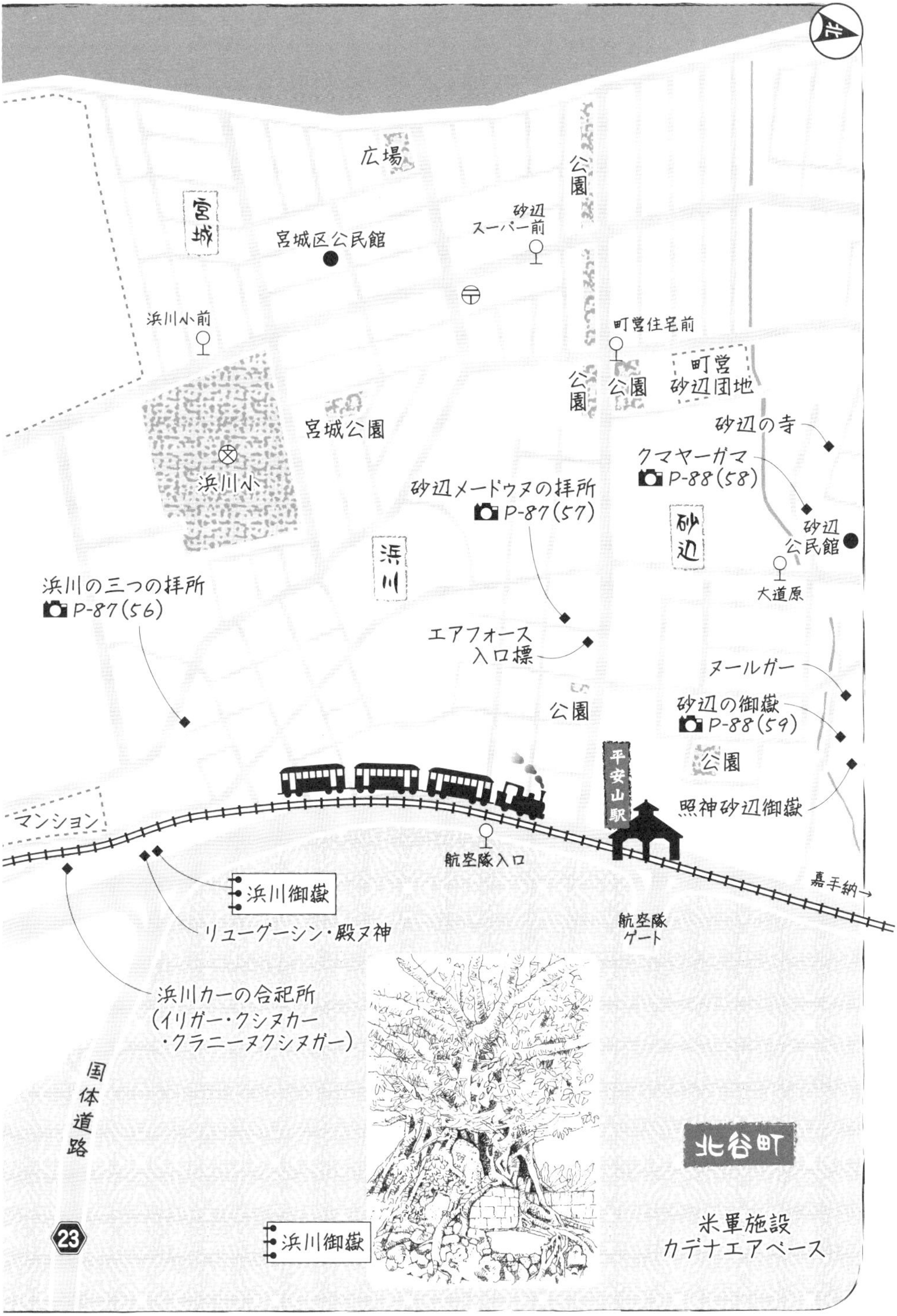
北
広場
公園
宮城
砂辺
スーパー前
宮城区公民館
浜川小前
町営住宅前
町営
砂辺団地
公園
公園
宮城公園
砂辺の寺
クマヤーガマ
P-88(58)
浜川小
砂辺メードゥヌの拝所
P-87(57)
砂辺
砂辺
公民館
浜川
大道原
浜川の三つの拝所
P-87(56)
エアフォース
入口標
ヌールガー
砂辺の御嶽
P-88(59)
公園
公園
平安山駅
照神砂辺御嶽
マンション
航空隊入口
嘉手納→
浜川御嶽
航空隊
ゲート
リューグーシン・殿ヌ神
浜川カーの合祀所
(イリガー・クシヌカー
・クラニーヌクシヌガー)
国体道路
北谷町
米軍施設
カデナエアベース
23
浜川御嶽

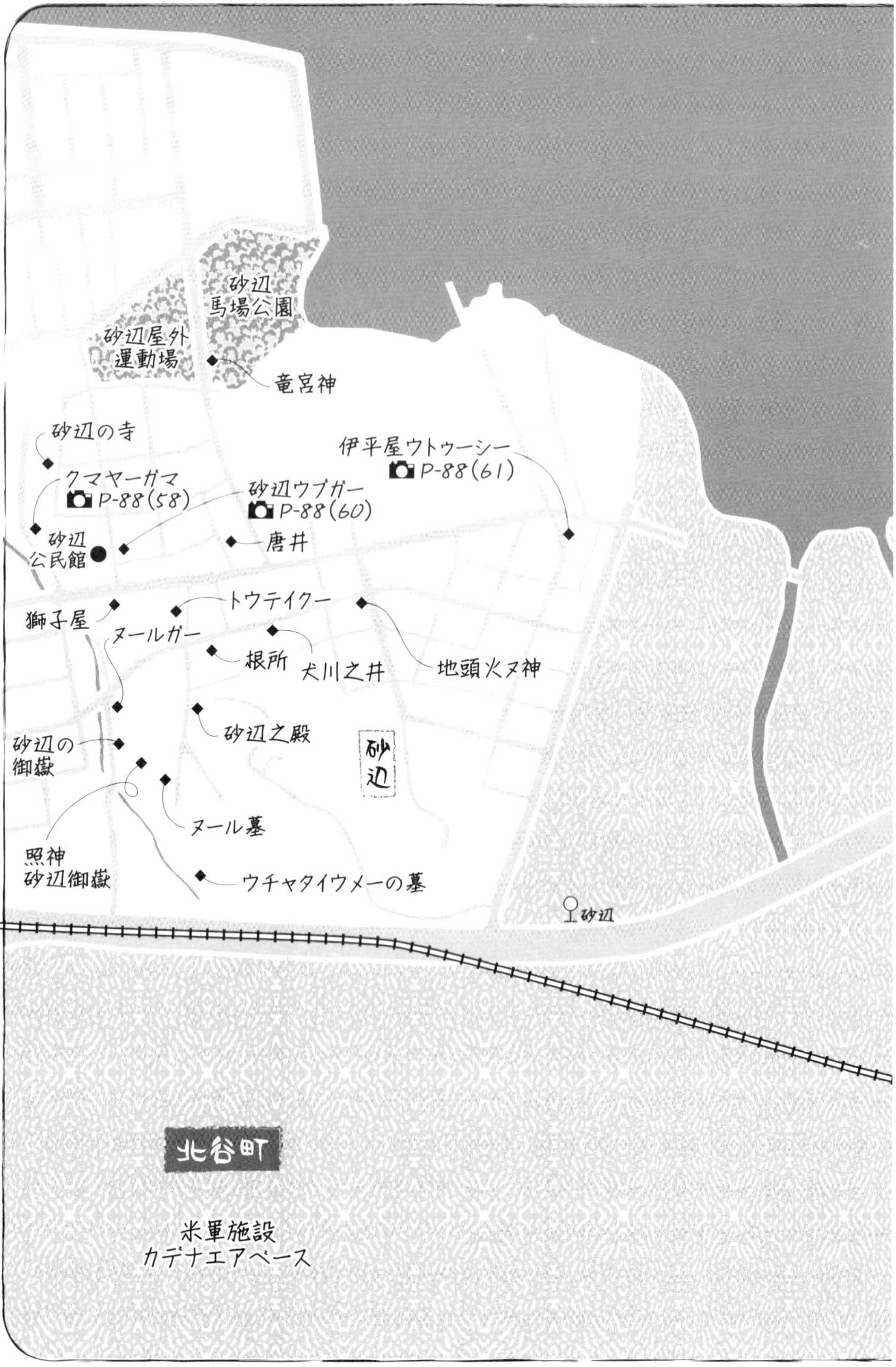

砂辺
馬場公園
砂辺屋外
運動場
竜宮神
砂辺の寺
伊平屋ウトゥーシー
P-88(61)
クマヤーガマ
P-88(58)
砂辺ウブガー
P-88(60)
砂辺
公民館
唐井
トウテイクー
獅子屋
ヌールガー
根所
犬川之井
地頭火ヌ神
砂辺之殿
砂辺の
御嶽
砂辺
ヌール墓
照神
砂辺御嶽
ウチャタイウメーの墓
砂辺
北谷町
米軍施設
カデナエアベース

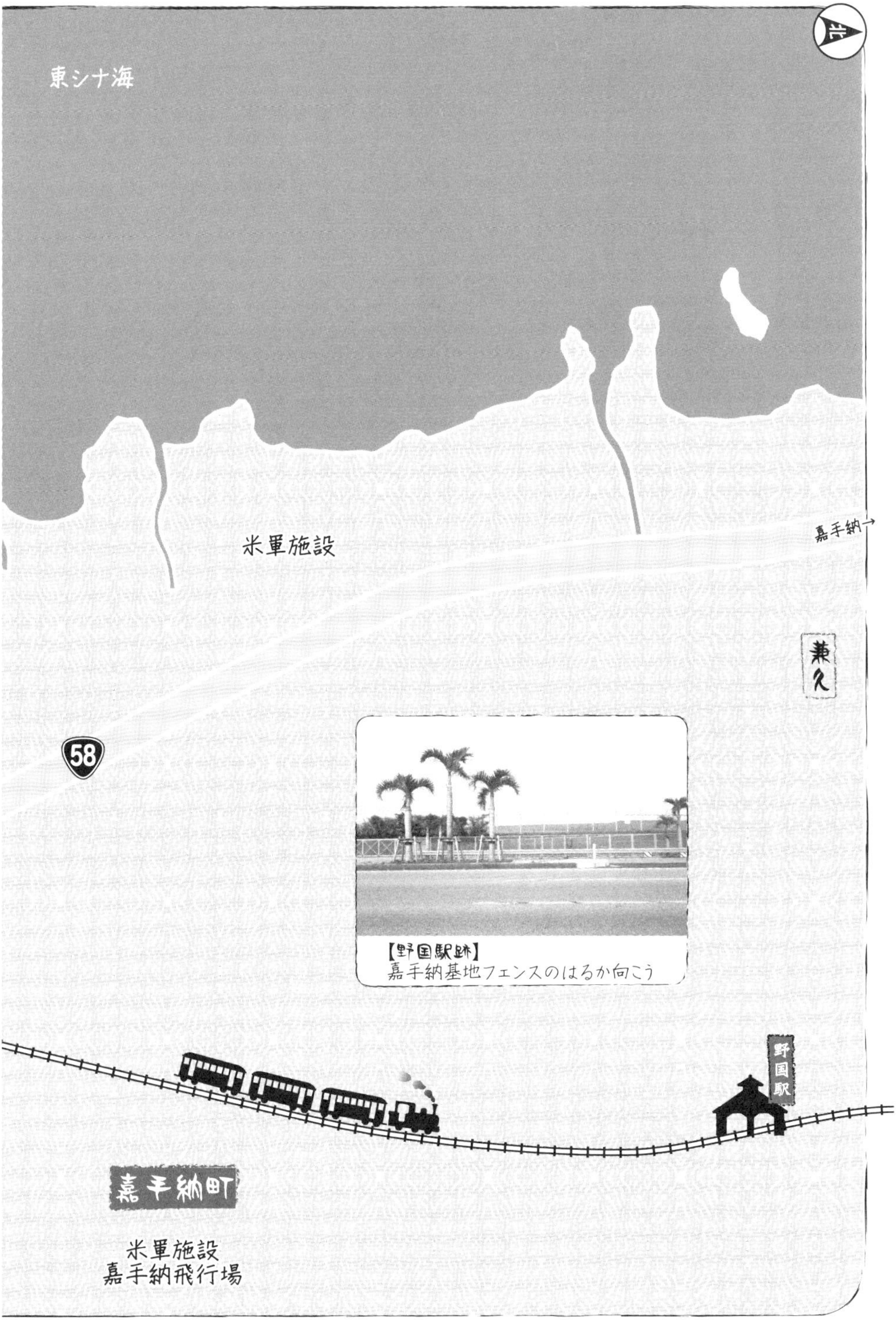

【野国駅跡】
嘉手納基地フェンスのはるか向こう

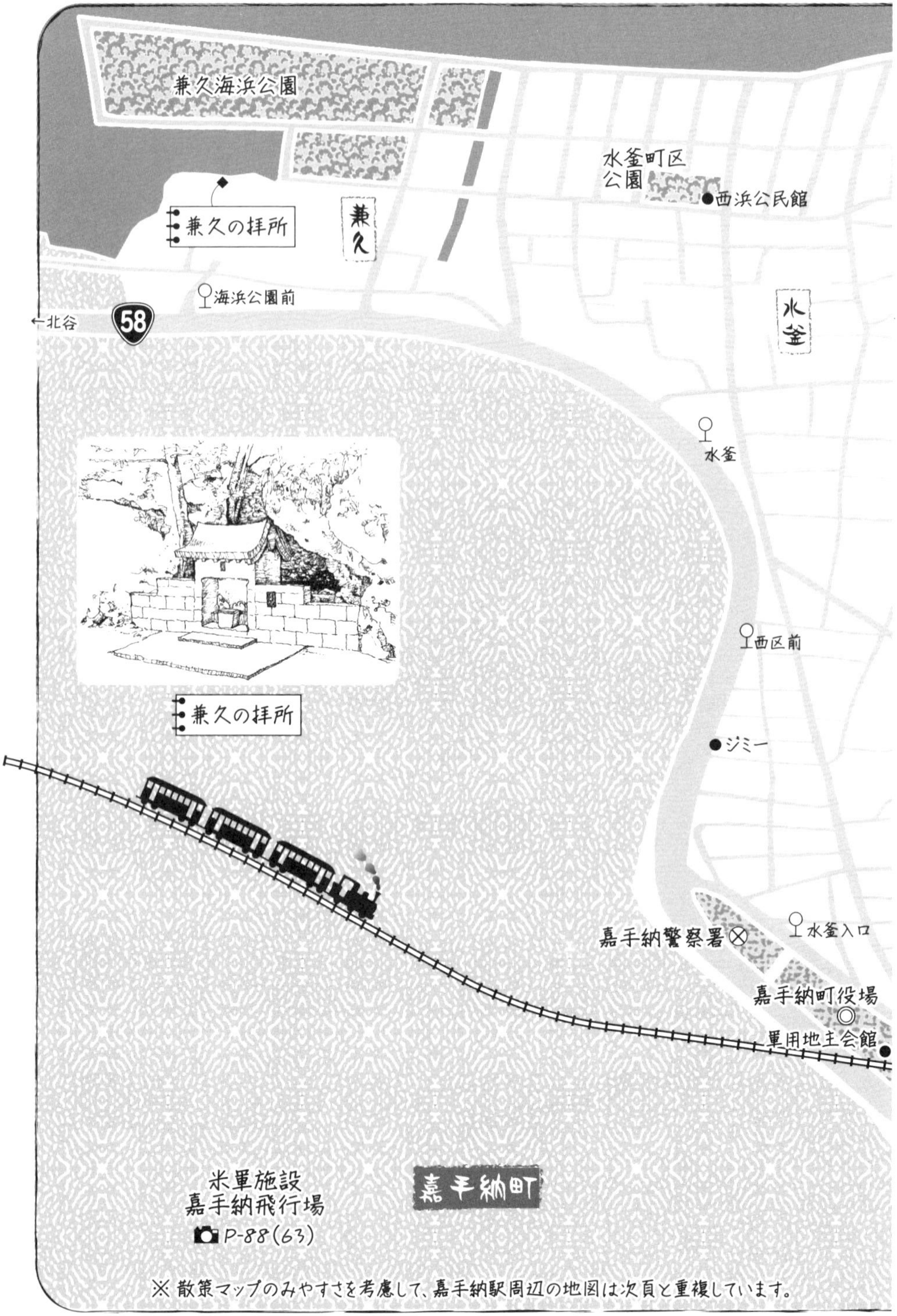

※散策マップのみやすさを考慮して、嘉手納駅周辺の地図は次頁と重複しています。

北
渡具知の
泊城
P-89(66)
水釜の洞
今帰仁按司之墓
比謝川
水釜宮
P-89(64)
秘匿壕
P-89(65)
古堅
嘉手納
漁港
県営嘉手納
高層住宅
嘉手納製糖
工場跡
比謝大橋
嘉手納
嘉手納
児童公園
嘉手納小学校内の
大デイゴ
P-89(67)
JA
児童館
嘉手納小
野国総官公園
農林学校
師範学校門柱
P-89(68)
嘉手納中
嘉手納駅
野国総官宮
嘉手納ロータリー
野国総官像
P-89(69)
千原金物店
(軽便のレール)
P-88(62)
嘉手納
名嘉病院
中央公民館
比謝橋
中央駐車場前
74
沖縄市
嘉手納拝所
大ガジュマル
P-90(71)
天川の
池の碑
天川・ウブガー
(アガリガー)
P-90(70)
58
恩納村

【嘉手納駅跡】写真右手前のレンガの建物(軍用地主会館)から左手の防衛施設局の入る白いビルの辺り

※散策マップのみやすさを考慮して、嘉手納駅周辺の地図は前頁と重複しています。

北
嘉手納小学校内の
大デイゴ
P-89(67)
JA
児童館
嘉手納小
野国総官公園
比謝川
古堅
嘉手納
水釜
入口
嘉手納中
野国総官宮
農林学校
師範学校門柱
P-89(68)
嘉手納町役場
嘉手納駅
軍用地主会館
野国総官像
P-89(69)
名嘉病院
嘉手納ロータリー
千原金物店
(軽便のレール)
P-88(62)
嘉手納
中央公民館
比謝橋
58
恩納村→
天川の池の碑
天川・ウブガー
(アガリガー)
中央
駐車場前
嘉手納拝所
大ガジュマル
P-90(71)
火の神屋
殿
(ミジナリモーガー)
牧原
74
屋良城跡公園
前川(メーガー)
P-90(72)
屋良
嘉手納
ヌールガー
屋良共進所
敷地内合祀所
沖縄市↓
屋良
屋良小
米軍施設
嘉手納弾薬庫地区

民俗スポット

嘉手納線

(1) 下仲の拝所とカー　与儀の旧家、屋号<下仲>の屋敷内にある井泉。村落祭祀に祈願される。

(2) ウランモーの拝所　「ウランモー」と呼ばれた丘の頂上にあった拝所。ウランモーは戦後に消失したが、跡地に建設された大きなアパートの裏手奥にコンクリート製祠が設けられ、村落祭祀の折に祈願されている。アパートの住民であっても気づかないような場所に祠が建つので、探し当てるとうれしくなると同時に、沖縄の拝所の形態について興味がわいてくる。

(3) D51　1972年の本土復帰を記念して日本国有鉄道門司管理事務局が沖縄の子どもたちを九州に招待した。九州を訪れた72人の子どもたちは、初めて見た蒸気機関車にとても感激した。そんな彼らのために国鉄職員をはじめ全国の人々が募金を集める活動を行い、九州で活躍したD51型222号が沖縄に贈られた。これらの鉄道車両は与儀公園内に置かれた。

(4) 山之口貘の歌碑　山之口貘は那覇東町出身の詩人（1903年～1963年没、本名山口重三郎）。1953年、高村光太郎賞受賞。

石碑に刻まれている詩は『沖縄よどこへ行く』。中国の脅威におびえた歴史と、アメリカ統治下に置かれた過去、日本への帰属という沖縄のすがたを描いている。

(5) 北の宮（ニシヌメー）　壷屋焼物博物館敷地内の後方にある拝所。

大正7年に造ったニシヌ窯の跡に、土帝君と焼き物の神を祀ったお宮。主に陶工たちによって拝まれている。

(6) ウフガー　村落祭祀に拝まれる井泉で、かつては飲料用、洗濯用に使用されていたというが、道路の造成によって消失。その近くに拝所として祠が建てられた。

(7) ミーガーヌカー　壷屋陶器組合共同売店の裏側にある。井戸の水は飲料水としては適していなかったようで、食器、農具洗いや陶土のろ過や芋くず作りの際に使用された。

(8) 東ヌカー　国道330号沿いにある井戸で、300年ほど前に掘られた。飲料水に利用されていた。

ポンプのある井戸とその傍らに茂るガジュマルやサンニン（月桃）の木々が安らぎの雰囲気を醸し出している。

(9) 牧志ウガン　牧志の東ヌ御獄で、牧志公園内に祠があり、傍らには竜宮神井の拝所もある。5月に沖縄角力（相撲、方言でシマという）大会が行われており、拝所の塀には平成5年～19年までの優勝者名が刻まれている。牧志北公園内には土帝君・西ヌ御嶽を合祀した祠が建つ。

(10) 西ヌカー　真嘉比の村ガーである。現在はコンクリートで改修してある。内部を覗くと、井泉の石積みが残り、水も溜まっている。

(11) 前ヌ毛　軽便が走っていた頃にはこの丘から安里駅が見えたという。現在は児童公園となり、写真のように取り囲む住宅しか見えない。

(12) 真嘉比殿内　殿内小より神屋は移動され、新しい神屋が2007年に造られた。神屋の傍に中ヌカーの拝所がある。

(13) 竜宮神・カチラガー　かつての内間集落から離れた安謝川対岸にある。昔はカチラガーで正月の若水、子供の誕生の際の産水、そして死に水を汲んだという。現在、カチラガー跡の拝所と同じ敷地内に竜宮神も祀られている。

(14) 内間の大アカギ・内間の拝所　大アカギは昭和56年浦添市指定天然記念物。戦禍に耐えた樹齢約400年の老木。大アカギ傍から小道を上がると、内間児童センター敷地奥に内間の集合拝所がある。上り口手前の祠には「殿之御神・嶽々の神・茶貫貫丸・瑞穂の神・水火の神」、奥の祠には地頭火ヌ神をはじめ井泉、竜宮神等が合祀されている。祠の裏には茶貫貫丸の石棺を入れた墓がある。

(15) 上門ガー　かつて松林であった安謝森（現、浦添高校敷地）の南斜面に位置していた。現在、浦添高校裏門隣家の屋敷奥に井泉跡が残っている。

(16) パイプライン　1952年、那覇軍港から北谷桑江の米軍基地ブースターステーション地へ送油するために、パイプラインが敷設された。送油管のあった通りは85年に浦添市内間〜伊祖間、90年に伊祖〜牧港間が返還されて市道となり、89年にパイプライン通りと名付けられた。

(17) 宮城殿合同祠　宮城公民館から西側、

徒歩数分の公園内に合祀所がある。ウガン山ヌ嶽、シチャーラ御井など13の拝所が合祀されている祠と、ウサツ世、根屋ヌ火ヌ神など9つの拝所が合祀された祠が建つ。敷地西側の小山にはノロ殿内の拝所、大家仲西按司・根屋仲西親雲上の墓がある。

(18) 前ヌカー　屋富祖公民館敷地内にある。写真の大ガジュマルの根元辺りに前ヌカーの拝所がある。ガジュマルと左手の鳳凰木も高く枝を伸ばし、見ごたえがある。

(19) 屋富祖の拝所・大ガジュマル　屋富祖の殿の拝所内に大ガジュマルが茂っており、「御願所ヌガジュマル」と呼ばれている。高さ13m、幹直径130cm、樹冠の直径21m、樹齢は100年以上といわれ、大きく枝が広がっている。敷地内には火之神の祠と戦没者慰霊碑が建つ。1999（平成11）年浦添市指定天然記念物。

(20) 軽便鉄道のレール（屋外展示）
1991年、城間線の道路改修工事の際に出土したレールが、大平養護学校前のバス停前に屋外展示されている。枕木は復元されたものである。軽便鉄道のレールが屋外で見られる唯一の場所。

(21) 城間合祀所　戦後、城間の集落は米軍基地として接収され、大半の拝所は消失した。現在、地域の公民館敷地内に城間合祀所として祠が建てられ、祈願されている。祠には古重森・内原之森・波平森・コバ森・アマカケノ嶽・又吉之殿・屋富祖ガマノ嶽が合祀され、傍らには「青年毛」と呼ばれた波平森にあった馬形の大きなニービ（砂岩）も祀られている。

(22) テラブのガマ　ティランガマともいう。ガマの前が「牧港之殿」で、ガマは牧港最高聖地である。1169年、源為朝が今帰仁の運天港に漂着し、大里按司の妹と結ばれたが、為朝は一人故郷に帰った。残された妻と子の尊敦が帰りを待ちわびたのがテラブのガマである。

後に尊敦は浦添グスクに居城を構え、舜天王になったとの伝説がある。

以来この地は「待つ港」から転じてマチナト、牧港の地名になったともいう。

(23) マチナトガー　シマヌカーとも呼ばれている。汽車道跡の道路沿いの階段下にある井泉。

現在、入り口の門扉には鍵がかかっている。昭和10年頃までのウマチー行事にはテラブのガマ、下山ガー、土帝君、ワンペーチンの拝所とともに拝まれていた。

現在、2月と8月の彼岸の村落祭祀で祈願されている。

(24) 牧港の御嶽・雨水の神の拝所　公民館道向かいにある祠が御嶽の拝所となっている。2月と8月の彼岸の村落祭祀で、テラブのガマ、マチナトガー、タチチガーとともに拝まれているという。

(25) 大謝名メーヌカー　平成3年宜野湾市指定史跡。ヒージャーガー（湧き出る水を取水するために樋をかけた井泉）で、集落の発祥とかかわる。カーウガミ（正月、2月、8月の井泉拝み）で祈願されている。布積み、あいかた積み、野面積みなどの石積みが見られる井泉。井泉に至る坂はカービラといい、24m、25段の石段が残る。

(26) ウシアミシガー　村ガーの一つ。住宅地の中にある井泉。

井泉はガジュマルが茂り、その下部に湧き水のせせらぎがあり、憩いの空間となっている。現在、農業用水用に水タンク車によって取水されている。

(27) ノロ殿内　真志喜公民館の南側にあり、ノロ火ヌ神を祀る。

(28) 軽便鉄道の車輪（宜野湾市立博物館）　軽便鉄道の車輪がロビーに展示されている。軌道間は76cmで、旧国鉄の106.7cmと比べると小型の汽車であったことがわかる。

展示の車輪は大山駅跡より南側から発掘

された。開館時間：9時から17時、休日：火曜・祝祭日。

(29) シチャヌカー　宜野湾署の南側、国道58号を背にし、道より下がった所にある。飲料水として利用されていた井泉で、石積みや石畳道が残る。一見の価値あり。

(30) 森の川　平成12年県指定史跡。奥間大親（オクマウフヤー）と天女の出会いから、14世紀に琉球国王となった察度が生まれたという伝説の井泉。

森の川の東に石門の内側が、ウガンヌカタともいわれる西森御嶽である。

森の川の石積みと御嶽の石積みの建設にあたって「西森碑記」が1725年に建立された。

森の川と西森御嶽は、ノロ殿内などの拝所とともに字真志喜のウマチー行事の重要な祈願場所である。

(31) タコグヮークェーの拝所　大山の田イモ畑の中にある。
「カニクモー」ともいわれ、作物の植え換えなどによって変化する畦道を行くと、拝所の小さな森がある。畦道が変化するために場所を特定するのは難しい。

カニクモーは海難事故死した者を葬った所といわれ、字大山では旧4月1日に海難事故のないように拝みが行われる。

字宇地泊の漁業従事者から供物も供えられた。

(32) メンダカヒーガー　メンダカヒージャーともいい、りっぱな石積みが残る井泉。汽車道沿いの段丘崖下の岩間から水が湧き出て、2つの樋口からは勢いよく水が流れている。水は下方に広がる田イモ畑に注いでいる。

(33) カーグヮー　汽車道跡の外国人住宅の隣にある。広い敷地にある井泉は少し下った所にある。

泉口辺りに水は溜まっているが、現在は

使用されていない。

(34)**大山御嶽碑**　1761年に建立され、「イハヌウガングヮー」と呼ばれる伊波門中宗家屋敷内にある。南風原町字宮城のウスクガー〈→ p34、p40（24）〉の天女伝説にまつわる子孫の伊波子が、200年ほど前に大山に居住したという、伊波門中の発祥が石碑に記されている。

(35) **大山貝塚**　ミスク山と呼ばれる丘陵にある。大山貝塚標碑から道沿いに登ると、基地のフェンスに突き当たり、その右側の小道を進むと、大山貝塚拝所への入り口がある。字大山の重要な聖地。祠の崖下には小洞穴があり、昔は多くの人骨も散見されたよう。大山貝塚は沖縄貝塚時代前期〜中期のもので国指定史跡。

(36) **上具志川之御獄**　金満御嶽ともいう。上具志川門中宗家の屋敷内山側に街岳之碑が建立されている。

その付近が昔の御嶽の祈願場所。他に上竜宮を祀る拝所や神屋がある。

(37) **ミジカシヒーガー**　ミジカシモーガーともいう。現在、井泉の水はコンクリート製の貯水槽から流れている。

(38) **マジキナガー**　井泉の水は汽車道跡の道に沿って送水され、1m四方ほどのコンクリート製タンクに溜められる。

(39) **イジュンガー**　井泉は埋土され、汽車道跡の道沿いにコンクリート製の拝所がある。

(40) ウーシヌハナガー　汽車道跡からかなり下った所にある。泉口は段丘崖下の洞穴状の岩間。水は田イモ畑に流れている。

(41) アラナキガー　汽車道沿いの段丘崖下の岩間から水が湧き出て、田イモ畑に流れている。

(42) マヤーガマ　マヤーアブともいう。

古墓が点在しており、大きな石灰岩の洞穴がマヤーガマである。1999（平成11）年宜野湾市指定史跡。

(43) ナイシガー　汽車道跡から下った所にある。水は農業用水に利用されている。

(44) 青小堀（オーグムヤー）　フルチンガーともいう。「青小堀」とは「池の深みの青い場所」という意味ではないかといわれている。現在、埋土され、跡地にコンクリート製の小祠が建つ。大山駅には給水タンクの設備があり、青小堀からの水で貨車の清掃も行っていたという。

(45) フンシンガー　クンチンガーともいう。国道58号近くにある水が豊富な井泉。

道路に面した下方にあるため、見つけづらい可能性も。泉の水が8つの取水口から流れている。

(46) 新造佐阿天橋碑　1820年、琉球王府により佐阿天川（現・普天間川）に架けられた石造橋を記念して建立された。かつては碑の建つ辺りまで磯だったという。

(47) 軽便橋　普天間川にかかる橋で、1988年に架け替えられた。もとは「佐阿天原橋梁」が架かり、汽車が走っていた。戦後は手すりがなく同じところに「軽便橋」が架けられた。

(48) ナーカヌシー　ビジュルと火ヌ神が祭られている離れ島の拝所。ウマチーや5月4日のユッカヌヒーに祈願がなされた。

(49) アラファヌシー　旅に出かける者の航海の安全を願いフナウクイ（船を見送る）をした場所でもある。

(50) インディアンオーク号座礁の碑　1840年、英国船籍のインディアンオーク号が北谷のリーフに座礁した。北谷の人々が乗組員67人全員を救出し、手厚くもてなした。安良波公園内にある石碑にそのことが記されている。傍には同船を模した帆船が設置されている。

(51) 綱のカヌチ根軸の碑　かつて旧暦6月の夜に行われていた綱引きで、綱の雄綱と雌綱の頭をつなぐ「カニチグチ」だったという場所に建つ。昭和63年に石碑が建立され、拝所になっている。国道58号沿い、米軍基地の金網付近にある。見つけてみよう！

(52) 桑江ヌ前屋取のビジュル　ンマヌファとも呼ばれていた拝所。

かつては三方が石で囲まれた石造り屋根の祠であったが、昭和 12、13 年頃にコンクリート赤瓦屋根に改築。戦後現在地に移された。ビジュルは 120、130cm ほどの大きさであったが、現在は上部の 50cm ほどしか見えない。旧暦 2 月の村落祭祀や出征兵士の無事を願って拝まれていた。

(53) 北谷グスク　キャンプ瑞慶覧内にある標高 40 mの丘陵。

東御嶽、西御嶽、殿、十三ウコール、カニマン御墓、フナウクイモーなど多くの拝所が点在する。

(54) 竜宮神　屋敷内にあったのを昭和 11 年から 12 年に護岸のそばに移して改築した。旧暦 2 月のニングヮチャーの村落祭祀や、旧暦 5 月 4 日のハーリーの行事に祈願された。ハーリーは桑江ヌ中屋取、桑江ヌ前屋取、桑江ヌ後屋取、桑江の 4 集落の合同で行われ、中部地域の多くの人々が見物に訪れたという。

(55) けらまじーの拝所　現在、県営美浜高層住宅の北東側にあるが、戦前は今より 10m ほど北側にあった岩瀬の拝所。

(56) 浜川の 3 つの拝所　左の祠は喜友名小屋取の拝所で、「ゆしみぬ神・ゆがふの神・うぶ井戸」が祀られている。真ん中の祠には字浜川旧部落の「孔連廟」が祀られている。右側の祠は平安山拝所で「白露之神・殿之神・宇地川之神」が祀られている。

(57) 砂辺メードゥヌの拝所　住宅地の一角にある集合拝所。入り口近くには「砂辺の前ビジュル神」の石碑がある。

敷地内の左から「上の井戸・中の井戸・下の井戸」、名称不明の拝所、「竜宮神」の祠が並んでいる。

(58) クマヤーガマ　沖縄戦時に300人余の人々が避難したガマ。戦前は地域の拝所ではなかったが、1991年にガマ入り口が発見され、現在では竜宮神などが祀られ、拝所となっている。施錠された入り口より地中に広がるガマをみることができる。近くの砂辺の寺とは内部で通じている。

(59) 砂辺の御嶽　御嶽のムイ（森）の南側にヌール井があり、小道を登ると、ムチウリ墓、ムラグサイ墓があって、砂辺の御嶽、照神の拝所、ヌール墓が点在する。また、ムイの北側の道向かいには砂辺の殿がある。こんもりと木が茂った御嶽には「ハブに注意」の看板が設置してある。

(60) 砂辺ウブガー　門扉を開けてウブガー拝所に入る階段下に洞穴があり、澄んだ水が湧き出ている。入り口には「拝所ウブガー」の石碑があり、昭和62年建立と記載。その根元部分は戦前からの石であるという。

(61) 伊平屋ウトゥーシー　かつてはムイグヮー（小高い丘）にあったという、伊平屋の按司を遥拝するための拝所。

(62) 千原金物店（軽便のレール）　大小2本のレールと枕木が保管されている。10年前に鉄工所を経営している方より譲り受けた。これらは1975年の海洋博以降の道路工事の際に、出土したもの。大きいレールは浦添の大平養護学校前バス停付近に屋外展示されているもの〈→ p58、p81 (20)〉とほぼ同じ大きさなので、軽便鉄道のレール、小さいレールはトロッコのものではないかと思われる。

(63) 嘉手納飛行場　本島中部の8市町村にまたがる広大な米軍基地で、極東最大といわれている。戦闘機のF-15Cイーグル、SR-71戦略偵察機などが常駐、飛来する全戦的戦略空軍基地。周辺住民は恒常的に離発着時の爆音に悩まされている。

(64) 水釜宮 「字水釜発祥の碑」は大正6年、村の鎮護と豊作繁栄を祈願して設立された。昭和42年に改修。碑には「約200年前、前久米の人毛氏奥間家の祖先たちが移住してきて築いた屋取集落」という内容が記されている。

(65) 秘匿壕 沖縄戦の米軍上陸前、日本軍の命令で特攻魚雷艇を隠すため、徴用された地元住民と朝鮮人軍夫が掘った壕跡。

(66) 渡具知の泊城 阿麻和利の隠遁の地であり、また薩摩侵攻の際に薩摩軍が一夜を過ごしたとの伝説がある。軽便鉄道の那覇駅待合室には風光明媚な渡具知の浜を描いた「琉球耶馬渓」の絵が掲げられていた。

(67) 嘉手納小学校内の大デイゴ 1906年頃に島袋家の墓を創建した際に記念木として植えられた。樹高8.6m、胸高周囲4.25m、枝張りの長さ12.7mの大デイゴは見ごたえがある。

(68) 農林学校・師範学校門柱 沖縄県立農林学校は、1902(明治35)年に設立された実業高校。

その前身は国頭郡各間切組合立国頭農学校。軽便が走っていた1937年の生徒数が303人、1941年以降は定員が倍増され600人の生徒が通っていた。沖縄戦によって廃校となった。

(69) 野国総官像 かつて国道58号の兼久沿いに建っていたが、現在は嘉手納町商工会議所のある敷地内に一時的?に移動されている。

(70) 天川とウブガー（アガリガー） 那覇へ向かう天川ビラ（坂）の東側、カシタ山のふもとにはウブガーが、その西隣にアマカー（天川）があった。

現在、国道58号近くに拝所がある。

また嘉手納町立公民館の敷地内には、赤犬子が詠んだといわれる歌が天川池の碑に刻まれている。

(71) 嘉手納拝所・大ガジュマル 昭和51年、嘉手納町指定文化財。

ナカムイ御嶽の祠の側に推定樹齢200年の大ガジュマルが茂る。

1890年頃から現在の大きさであったといわれ、樹高17.73 m、胸高周囲7.6 m、枝張りの長さ23.17 m。拝所内には「火ヌ神」や「中軸の碑」がある。

(72) 前川（メーガー、字屋良） 古くから住民の生活用水として利用されていた井泉である。

1993年に埋まっていた部分の土砂を除いた際に現れた。明治の初め頃に造られたものといわれる。

県道74号脇の下部にあり、沖縄の拝所のあり方を考える意味で興味深い。

軽便鉄道の思い出

島袋盛吉さん　大正13年生まれ、那覇市真嘉比出身

真嘉比の公民館で区長さんから紹介された島袋盛吉さんは、八十代の今も油絵を趣味として嗜むという、ベレー帽の似合うダンディーなおじいちゃん。軽便をめぐる記憶は今も鮮やかでした。

「真嘉比はマカンジャーラのターウム（田芋）が有名で、その畑の間を汽車が走っていました。たまに機関士が、石炭の燃えカスを走りながら外に捨て、枕木が燃えたり、畑に燃え移ることもあったね。普段は二～三両の客車を機関車が引いていたが、製糖時期に入るとキビを満載した貨車が追加され、一番後ろの貨車の後にも機関車がついて押していたよ。真嘉比のメーヌモー（前ヌ毛）からは安里駅も内間駅も見えよったよ」

島袋さんの話を聞き、私たちは実際に真嘉比公民館向かいの児童公園になっている前ヌ毛にのぼってみました。

予想はしていましたが、周囲を住宅に囲まれた前ヌ毛からは、立ち並ぶコンクリート造りの家々しか見えず、その向こうにかつての田園風景を想像することはできませんでした。

「子どもたちは、『シッタンガラガラ、シッタンガラガラ、アフィー、アフィー』と汽車のレールを進む音や汽笛を真似ながら、鉄道ごっこをして遊んでいたよ。時には、汽車があまりにも進むのが遅いため、ぶらさがって遊ぶ子どももいたね。石炭の煙の匂いは良い匂いだったなあ」。

島袋さんは、旧いのどかな時代を懐かしそうに語ってくれました。

軽便鉄道の思い出

佐久本裕さん　大正15年生まれ、那覇市上の蔵 出身
佐久本フミ子さん　昭和5年生まれ、那覇市高良 出身

那覇の上の蔵に住んでいた佐久本裕さんは、昭和一七～一九年まで、嘉手納にあった農林学校に通学するため、嘉手納線を毎日利用していました。早朝、家を出る頃はまだ暗く、トゥブシ（松明）を灯して那覇駅まで歩いたということでした。乗車時間を尋ねると、間をおかず「始発六時七分の汽車だったよ」と答えが返ってきました。当時の時刻表をみると、確かに嘉手納線始発六時七分と記載されています。

佐久本さんによると、嘉手納から那覇に向かう貨車には、高さ一メートル、直径五〇～六〇センチもある大きなタルガー（樽）に黒糖が詰められ、二段重ねで積まれていたり、嘉手納の製糖工場からの砂糖が、大きな袋に詰められて積まれていたそうです。

時には学校帰り、野国駅や友人宅のあった大山駅で途中下車をして、散策のひとときを過ごしたといいます。また安里駅に着くと、女学生の乗降で車内も華やぎました。野菜を持っている農林学校生はいつも女学生から声を掛けられたり、知り合いになったりしていたそうです。佐久本さんは「モテタヨー」と少し顔を赤らめました。那覇市内の学校へ通う那覇在住の学生は、病身の者以外、汽車に乗ることはできなかったそうです。

また、高良出身の奥さんのフミ子さんは、汽車には一度も乗ったことがなかったそうです。

「小禄辺りで、遠足に鉄道が利用できたのは、もう少し上の先輩たちまでではなかったかね。私たちの時代になると、戦争の前で、そんなゆとりはなくなっていたのではないかね。乗ってみたかったね」と、目を細めながら話してくれました。

第三章
糸満線

糸満線各駅停車

糸満線は現在の市町村でいうと、那覇市、南風原町、南城市、八重瀬町、糸満市を通過していました。（起点から那覇駅・古波蔵駅・真玉橋駅・国場駅は他路線と重複のため割愛しました。糸満線全駅は→ p15、全路線図は→ p9）

●津嘉山駅（つかざんえき、無人駅、現・南風原町）

敷設時には停留所として開設されましたが、キビの運搬のためには貨車を留めておく必要が生じ、停車場へと変更されました。

糸満線では無人の停車場としては他に山川駅、世名城駅がありました。大正期には津嘉山に隣接する豊見城村に製糖工場がありましたが、鉄道が敷設された頃には工場は閉鎖されました。

そのため、津嘉山辺りのキビは汽車で糸満の高嶺工場に搬入されたようです。

●山川駅（やまがわえき、無人駅、現・南風原町）

他の駅と同様に畑の中にありました。山川は戦前から瓜類の生産が盛んで、黒糖とともに野菜の積み出しにも軽便が利用されていたといいます。

かつての山川駅跡周辺は、現在、県道529号と県道82号が交差し、那覇市の近隣地域として宅地や商業地として発展しつつあります。最近では那覇空港自動車道が近くを通っていますが、駅跡はその橋桁から東側に寄った辺りになります。

このような急激な環境の変化もあってか、地元の人でも正確に駅跡を知る方は少ないようです。ただ、宇平橋（通称、山川橋）の近くに軽便に関する説明板があり、かつてそこを汽車が走っていたことが記されています。

●喜屋武駅（きゃんえき、停留所、現・南風原町）

山川の集落を左手に通り過ぎ、一面畑が広がる中に駅がありました。現在は、ごく近くを走る那覇空港自動車道の橋脚の辺りが駅跡です。

喜屋武駅を過ぎると、汽車道は「幸之一カーブ」（→p15）の大きく曲がる辺りにさしかかり、字銭又に入ります。

鉄道の敷設工事には、銭又をはじめ近隣の人々が日雇いで動員されました。朝6時頃から夜の8時頃まで働いて、日当は50銭ほどだったといいます。敷設工事は鍬や笊を使ってトロッコに土を入れ運搬するというように、まったくの人力頼みで行われました。

銭又から平川に向かう辺りの急な上り坂になると汽車の速度が落ち、火力を増すため石炭が盛んに焚かれたためでしょうか、煙突からの火の粉でキビ畑が焼け、火事騒ぎになることもたびたびあったといいます。

●稲嶺駅（いなみねえき、有人駅、現・南城市）

駅長がいて上り列車と下り列車の交換が行われました。県鉄の営業するバスも発着し、近くの字大城には精米所もあったため、乗降客の多い駅でした。

昭和19年（1944）12月11日午後3時30分頃、稲嶺駅手前の神里集落の北東から東側へカーブする登り坂で、軍の弾薬類を輸送中の汽車が突然、轟音に包まれ、爆発しました。

この爆発事故は、女学生を含む200余名の死傷者が出る大惨事となりました。

現在、駅があった辺りは農地整理が行われた広い畑が広がっており、キビのほか、ストレッチャーなどの花卉類の栽培が行われていいます。

鉄道跡をたどって畑を進むと牛舎があり、その先の饒波川を横切ると、ゆるやかな坂を上って屋宜原へと向かいます。

●屋宜原駅（やぎばるえき、停留所、現・八重瀬町）

県道77号の十字路に建つコンビニの斜め向かい辺りが駅跡です。

おもに屋宜原をはじめ、近隣の湧稲国の人々に利用された駅でした。

当時、砂糖委託商をしていた屋宜氏が駅の設置に対して強い働きかけを行い、駅の開設が実現されたという話があります。

●東風平駅（こちんだえき、有人駅、現・八重瀬町）

上り下りの列車の複車線路が設けられ、また、駅前には県鉄のバスの発着所もあり、糸満線では一番乗降客の多かった駅でした。

駅跡には「南部水道企業団」等の建物があり、現在は県道507号沿いのノロガー（井泉）から入った小道に、わずかながら汽車道が残っています。

東風平駅からは糸満の高嶺工場にキビを運び、また、タルガー（樽）に入った黒糖を那覇へ運んでいたようです。

地元の知念幸一氏によると、干ばつになると木桶を4つほど汽車に積み込んで、与座カーまで水を汲みに行くために鉄道を利用したこともあったそうです。

●世名城駅（よなぐすくえき、無人駅、現・八重瀬町）

貨物車用の側線が引かれ、キビの積み出しを行っていました。

汽車は平坦なキビやイモ畑の中を走っていました。

現在、駅跡付近には民家が建ち、鉄道跡は県道から農地整理がなされた畑地帯へと延びています。

●高嶺駅（たかみねえき、有人駅、現・糸満市）

売店もあり、隣接する高嶺製糖工場へのキビの搬入や砂糖の那覇駅への積み出しが行われ、糸満線の中でも大いに利用されました。

現在、高嶺製糖工場跡には糖蜜タンク〈→p112、p122（32）〉と工場の門柱〈→p122（34）〉が残っていて、糖蜜タンクは水タンクとして利用されています。

戦争前には高嶺駅でも近隣集落の出征兵士の見送りが行われました。『糸満市史』に、字真栄里出身の島袋仁栄氏の手記の一節が引用されています。

「軍歌を合唱しながら、国吉青年団の団旗を先頭にラッパを吹きながら南山神社に詣で武運長久祈願した後、全員歩いて高嶺駅まで送ってくれた。

高嶺駅には上原精栄村長はじめ（中略）その他多くの人たちが待っておられ、村長さんや各団体の代表者からの激励の言葉をちょうだいし、多く人たちの歓呼の声に送られて、汽車は那覇に向けて出発した。」

高嶺駅での出征兵士見送り風景（糸満市教育委員会提供）

●兼城駅（かねぐすくえき、停留所、現・糸満市）

北から兼城駅に向かう大城ムイ（森）沿いの鉄道跡は、近くを報得川が流れ、その対岸に福地ムイ、前原のムイなどが点在し、昔の面影を残している道です。現在、駅に向かうキビ畑の中に、用水路を渡るためのコンクリート橋の土台が残っています。欄干部分が左右互い違いの直角三角形をしている小さな橋ですが（→p128）、軽便鉄道の跡をとどめる建造物としては、３路線中で破損されることなく、最も頑丈な形で残されているものではないでしょうか。

兼城駅跡は現在、ＪＡの駐車場になっていますが、当時は駅に向かって小高いムイ（森）が両方にあり、その間を鉄道が走っていたようです。兼城駅から糸満駅に向かう字照屋のティーラガー（照屋ガー）の下方にはターウムや稲のターブックヮ（田んぼ）が広がっていました。ティーラガーも周囲よりは一段下がったところにあるのですが、当時、そこに降りる手前はトンネル状の通路になっていました。土手のようになった上を線路が走り、その下にトンネルが作られていたのです。

地元の方の話では、子供の頃はその橋脚のようなトンネルの側壁に耳をあてて、鉄道の走って来る振動を聞いて楽しんでいたといいます。

トンネル辺りは少し勾配があり、雨の日になると、車輪が滑って登りきれなかったので、滑り止めのために機関士がレールに砂を撒いていたそうです。

また地元では、当時はイグサも栽培されており、その製品を那覇駅に運ぶのにも汽車が利用されたそうです。

●糸満駅（いとまんえき、有人駅、現・糸満市） 糸満線の終着駅です。駅は糸満の中心から離れた東の高台にありました。

前の駅である兼城駅から糸満駅に向かう鉄道跡は、現在の県道77号を横切り、住宅地の中に入ります。

その住宅地辺りから糸満小学校手前までが、駅の構内になっていました。現在、その住宅地の中には、糸満駅の便所が残っています。（下の写真）

糸満は戦前から漁業で栄えました。しかし、駅が糸満の港から離れた坂の上にあったことや、鉄道が敷かれる前から那覇（垣花）まで馬車軌道が敷設（大正７年）されていたり、バスも運行されたりしていたために、漁業関連での鉄道の利用頻度はさほど高くなかったようです。

糸満線散策マップ

兼城駅停車中の列車（糸満市教育委員会提供）

沖大前
沖縄女子短期大学
沖縄大学
女子短前
登野城ヌ嶽
沖縄尚学高・中
国場
←与儀
国場公民館
(敷地内カーあり)
唐御殿
ウブガー
JA
国場
樋川
国場駅
樋川
丸彦アパート
那覇市
コンクリート製枕木(遺物)
329
前ヌ御嶽・火神御井
・御願小御井
東ヌシーサー
那覇東バイパス
橋の神
とよみ公園
真玉橋の遺構
P-37(10)
公民館
真玉橋
真玉橋
西ヌシーサー
←古波蔵
竜宮神・サーターヤー火の神
大井ノ上集合拝所
真玉橋
古島世
古島ガー
真玉橋
329
11
国場川
嘉数入口

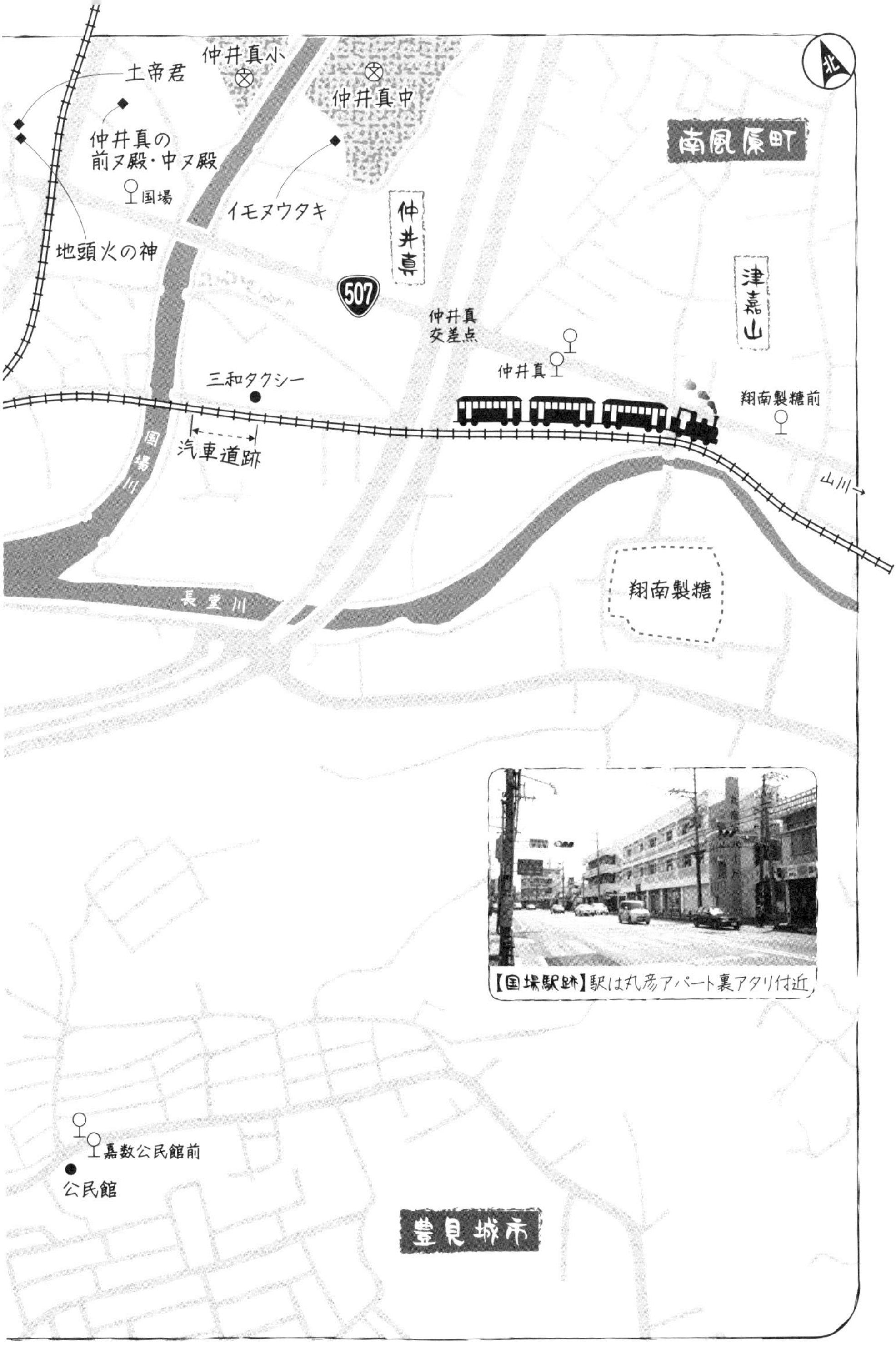

【国場駅跡】駅は丸彦アパート裏アタリ付近

【津嘉山駅跡】手前左のキビ畑辺り
津嘉山
ウフガー
P-117(2)
チンガーグワー
公園
←国場
507
JA
128
東カマダガー
津嘉山駅
津嘉山
交差点
津嘉山
津嘉山
自動車学校
西カマダガー
長堂川
津嘉山の汽車道跡
P-117(1)
川下原
山垣橋
南部農林高校
長堂
豊見城市
【山川駅跡】右手沖縄自動車道橋脚金網辺りから山川駅説明板のある広場付近

北
クニシンニーヌカー
「五月五日の碑」の拝所
津嘉山ノ殿
クンマタガー
P-117(4)
南星中
地頭火ヌ神・津嘉山ノ口火ヌ神
クンマタ新ガー
仲間ノ殿
P-118(7)
公園
東ヌ御嶽
P-117(5)
殿内ガー
仲間根ガー
南風原町
玉那覇ノ殿
イジュンガー
照屋
後原井戸
後原新井戸
メーヌカー
殿
グサイの祠
公民館
507
玉那覇ガー
P-117(3)
津嘉山小
ヌールガー
ビジュル
イーチキの御嶽
P-117(6)
506
ウナトシー拝所
ウカー
那覇空港自動車道
82
ナカマチンガー
病院前入口
山川駅
山川
軽便鉄道の
説明板
山川
外間
八重瀬町
病院前
南部徳洲会
病院
宜次
外間
西崎

【喜屋武駅跡】沖縄自動車道橋脚辺り
南風平井
喜屋武駅
喜屋武
変電所
口川良橋
長堂川
翔南小
82
南風原町
那覇空港自動車道
506
上ノ口殿内
神里
口門橋
507
山川
児童公園
アガリヌカー
P-118(8)
拝所
ナカジンヌウタキ
ナーヤストゥン
タカヤストゥン
勤労体育
センターグラウンド
せせらぎ
公園
山川
山川集落センター
イリヌカー
イルジガー
神里橋
メンターガー
48
八重瀬町
友寄
←山川
伊覇・東風平→

銭ヌ公民館
幸えーカーブ
野原之御嶽・野原之殿
ノパルシーガー
P-118(11)
ナカヌカー
グスクガー
高平
チブガーガー
タジラシ殿
タジラシ殿カー
カー
上の殿
名幸ヌ殿
P-118(12)
公民館
ダキドゥンガー
外間ガー
P-119(13)
公園
ヌール井
平川
上ノ口殿内
イーマヌトゥン
トゥヌガー
ウビーガー
ウフガー
ウガン
(神里之嶽)
P-118(9)
神里
ふれあい公園
列車爆発事故のあった辺り
シーシガー
いずみアパート
アブガー
平川
平川
タキグサイガー
稲嶺駅
ウブガー
新島
神里構造改善センター
稲嶺
トゥンチガー
リンドゥーガー
ミートゥガー
P-118(10)
南城市

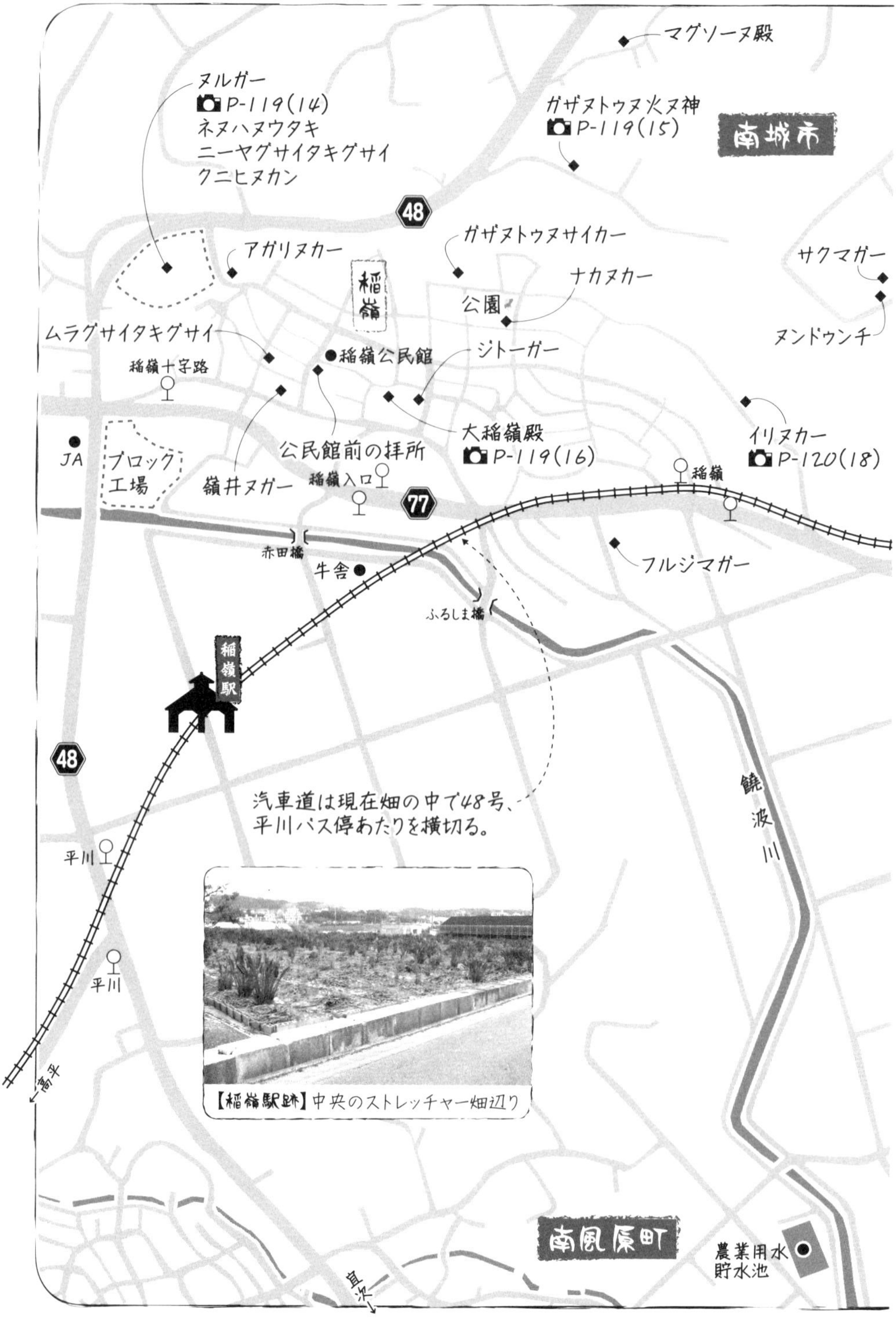

【稲嶺駅跡】中央のストレッチャー畑辺り

神アシャギ
ムラガー
湧稲国公民館
サクマ
ウカー
ウマヌファ
湧稲国生母井戸
湧稲国殿之神
ニヌファ
フルジマガー
P-119(17)
地頭火元神
トゥイヌファ
P-120(19)
ヌルガー
屋宜原駅
コンビニ
77
汽車道は77号を走っていた。
屋宜原団地
屋宜原
八重瀬町
伊覇
507
伊覇
507
【屋宜原駅跡】
道路右手の車の止まっている辺り

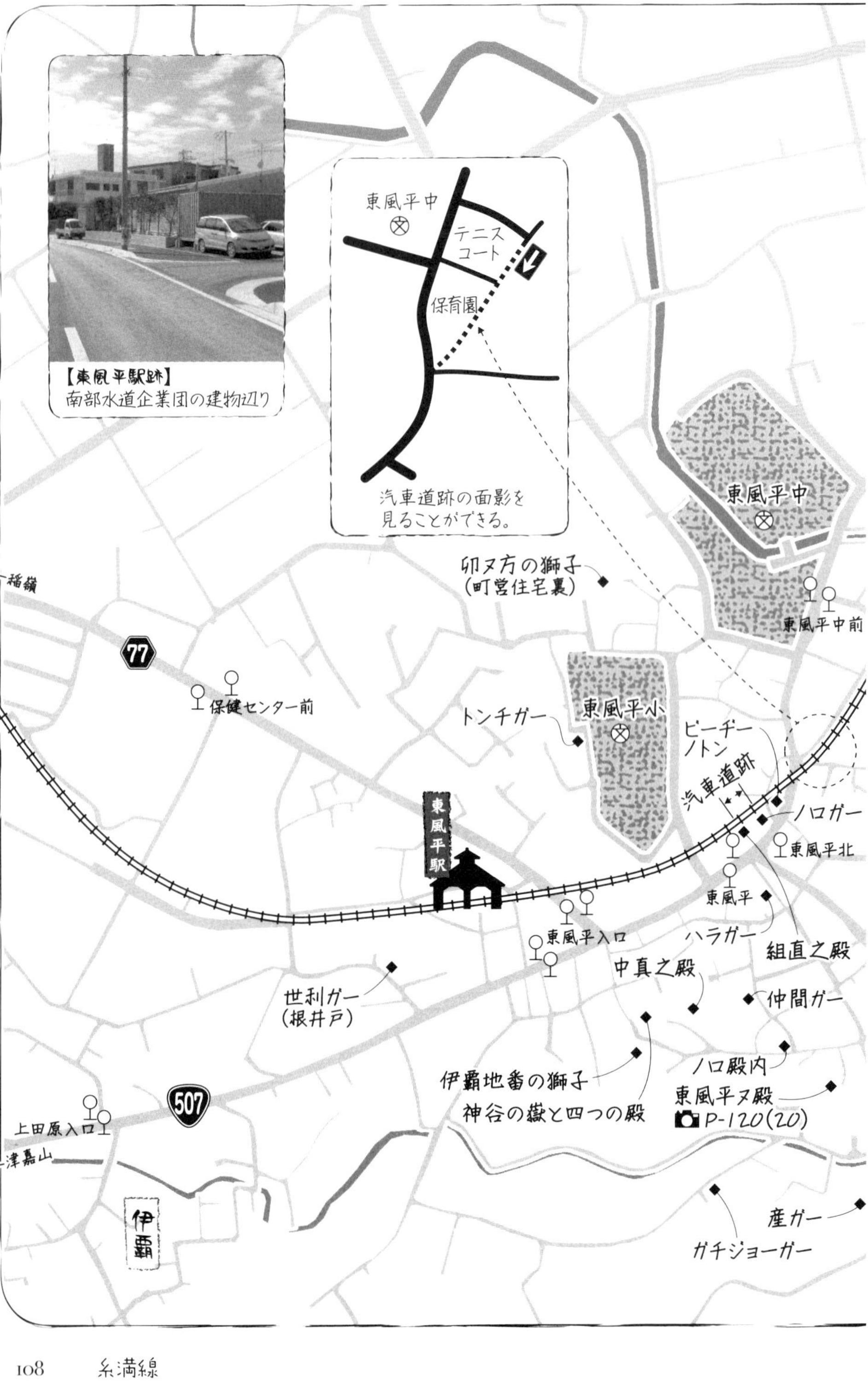
【東風平駅跡】
南部水道企業団の建物辺り
東風平中
テニスコート
保育園
汽車道跡の面影を見ることができる。
東風平中
東風平中前
卯ヌ方の獅子
(町営住宅裏)
←稲嶺
77
保健センター前
トンチガー
東風平小
ビーチーノトン
汽車道跡
ノロガー
東風平北
東風平駅
東風平
東風平入口
ハラガー
組直之殿
中真之殿
仲間ガー
世利ガー
(根井戸)
ノロ殿内
伊覇地番の獅子
東風平ヌ殿
神谷の嶽と四つの殿
P-120(20)
507
上田原入口
←津嘉山
伊覇
産ガー
ガチジョーガー

八重瀬町
世名城
507
東風平
西ヌ方の獅子
大ミジョウ之殿
ビージーガー
午ヌ方の獅子
シヤマヌ殿
ジングシクムイ
獅子ヒサ洗いガー
P-120(21)
ゲート
ボール場
東風平馬場児童公園
松尾ヌ嶽
(金満御嶽)
P-120(22)
松尾ガー
第二東風平
謝花昇像
P-121(23)
西ヌ方の獅子
P-121(24)
子ヌ方の獅子
77
シーサー毛
糸満

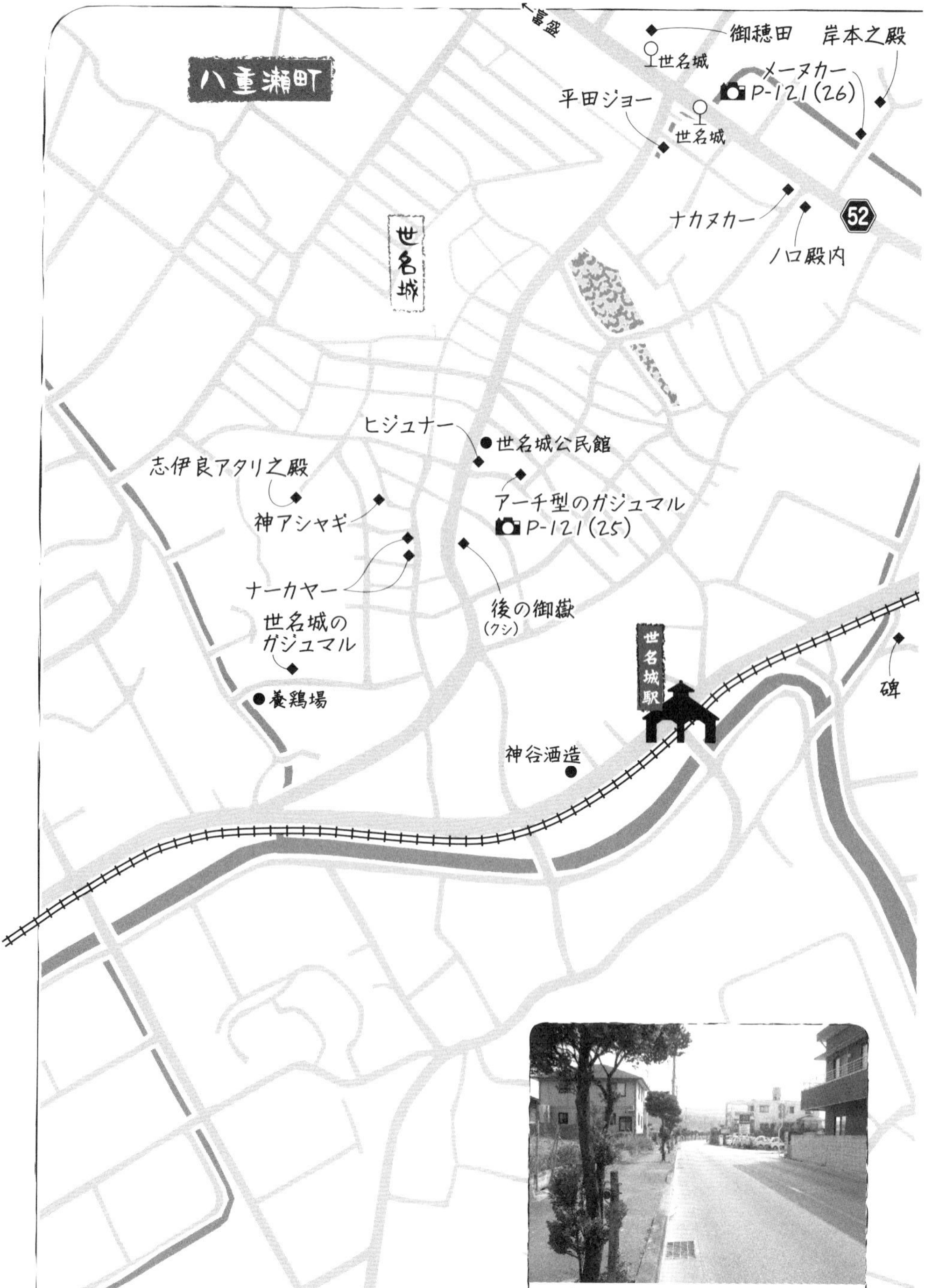
八重瀬町
←冨盛
御穂田
岸本之殿
世名城
メーヌカー
P-121(26)
平田ジョー
世名城
52
ナカヌカー
ノロ殿内
世名城
ヒジュナー
世名城公民館
志伊良アタリ之殿
アーチ型のガジュマル
P-121(25)
神アシャギ
ナーカヤー
後の御嶽
(クシ)
世名城のガジュマル
世名城駅
碑
養鶏場
神谷酒造

【世名城駅跡】左手住宅の辺り

上世名城
上世名城ガー
中・北山のお通し
東のお通し
八重瀬・南山のお通し
世名城之殿
高良
下ヌ城
中之殿ガー
中之殿
トーヌアタイガー
タルガー
P-121(27)
上ヌ城
上ヌカー
大屋之殿
P-122(28)
サーターヤー跡
中瀬之殿
ナカシーガー
高良
知名御嶽
高良
交差点
高良公民館
イビガー
イビ御嶽
川田之殿
(タータヌ殿)
ノロガー
15
佐久真(國元)
カズカワ之御嶽
汽車道は、
産業道路(通称)を走っていた。
ティラガー
テダ川之殿
52
高良
カー
お墓ガー
ガジャンガー
世名城之殿

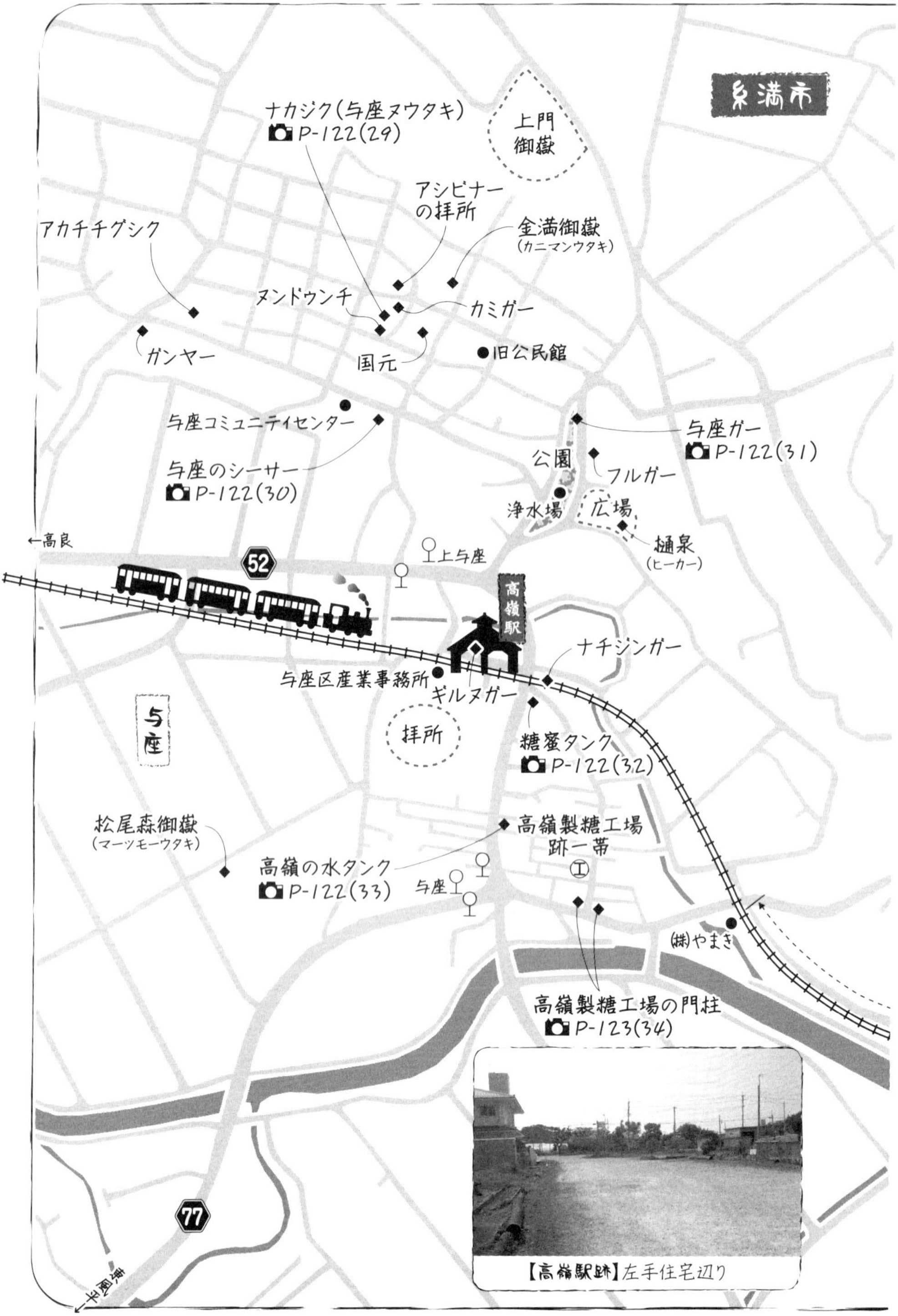
糸満市
ナカジク(与座ヌウタキ)
P-122(29)
上門
御嶽
アシビナー
の拝所
アカチチグシク
金満御嶽
(カニマンウタキ)
ヌンドゥンチ
カミガー
ガンヤー
国元
旧公民館
与座コミュニティセンター
与座ガー
P-122(31)
与座のシーサー
P-122(30)
公園
フルガー
浄水場
広場
樋泉
(ヒーカー)
←高良
上与座
52
高嶺駅
ナチジンガー
与座区産業事務所
ギルヌガー
与座
拝所
糖蜜タンク
P-122(32)
松尾森御嶽
(マーツモーウタキ)
高嶺製糖工場
跡一帯
高嶺の水タンク
P-122(33)
与座
(株)やまき
高嶺製糖工場の門柱
P-123(34)
77
東風平

【高嶺駅跡】左手住宅辺り

【兼城駅跡】中央JAの駐車場右側辺り

大城ムイ沿いに残る汽車道跡

糸満市
【糸満駅跡】
左手前の住宅から奥
糸満南小
照屋ガー
P-123(37)
ゲートボール場
照屋の石獅子
P-123(36)
照屋
照屋
モータース
照屋入口
公民館
タマガー
ノロ殿内
根人屋
根神屋
照屋ウタキ(上之殿)
P-123(38)
汽車道跡
77
照屋
ノロガー
(タマガー)

シリーガー
イナンミガー
糸満
糸満高校
ウイザトガー
がじゅまる
児童センター
ミーガー
児童
公園
市場前
ガンヤー
糸満駅
幸地腹・赤比儀腹門中墓
P-124(40)
糸満駅便所跡
P-123(39)
新島
市場入口
77
糸満小学校前
サンティンクサイヌカー
汽車道跡は
住宅地の中
他魯毎王墓
糸満小
糸満中
山巓毛公園
ロータリー
ウカンガー
町端区
公民館
マチンカー
白銀堂前
ワカー
P-124(41)
カニグヮージョーヌカー
P-124(43)
トゥンチャー
クルマガー
イナミガー
上之平
児童公園
331
西区
公民館
ヌンドゥンチの
神アシャギ
P-124(42)
シリーガー
マチンジョーヌガー
白銀堂
P-124(44)
報得川
今リューグウ
リューグウ神
P-124(45)

軽便鉄道の思い出

兼島景助さん　大正４年生まれ、糸満市出身

糸満市字糸満にある銭湯「ときわ湯」の御主人・兼島景助さんは、九十三歳の今も番台に座り、元気にお客さんの応対にあたっています。「ときわ湯」の歴史について尋ねると、一九五二（昭和二十七）年から営業している沖縄本島最南端の銭湯で、現在開業している銭湯の中では一番古いのではないか、とのことでした。

鉄道を利用したのは、本などを買うために那覇に行く時でした。それでも汽車賃が高いので、行きは徒歩や馬車（軌道）を利用し、帰りにだけ汽車に乗ったそうです。兼城駅や高嶺駅を利用したそうですが、高嶺駅には売店があり、アメ玉などを売っていたといいます。

若い頃は、キビの収穫時期になると高嶺の製糖工場に日雇いで働いたそうで、分蜜の作業を担当し、日当は六十銭ほどであったといいます。

工場では、キビの搬入、キビ汁を分離したものを焚いて砂糖を作り、完成した砂糖は女性たちが袋詰めをしました。工場では総勢百人余りの人が働いていたそうです。

ときわ湯の番台で

(1) 津嘉山の汽車道跡　長堂川に沿ったこの道は、かつての汽車道をしのぶことができる。

(2) ウフガー　住宅地の中の空き地にある井戸。コンクリート製のカーグシチ（土管のような形のもの）に蓋がされている。大正期、水不足になった時に掘った井戸だという。

(3) 玉那覇ガー　津嘉山小学校正門道の壁に掘り込まれた祠。

(4) クンマタガー　字津嘉山の拝所の多くはほぼ昔からの位置に所在している。

その中、クンタマガーは写真のように近年の道路拡張工事により、擁壁に埋め込まれる形で存在し、人々の信仰の対象になっている。

(5) 東ヌ御嶽　津嘉山保育園横、大きなガジュマルの根元にある。

拝所の敷地には津嘉山ノロの墓や古い時代の戦による死者を祀ったという墓がある。村落祭祀の三月御願などに祈願。

(6) イーチキの獄　津嘉山小学校体育館裏の山を58段登ったところにある。『琉球国由来記』に記載されている「ヰイ之御

嶽」にあたる。津嘉山の重要な御嶽の一つで、かつて五月ウマチーでは、殿での屋根付きの座を作るために、イーチキの御嶽森の竹が利用されたという。

(7) 仲間ノ殿　『琉球国由来記』(1713年)に記載されている下名嘉眞之殿にあたる。仲間の殿が所在する一帯の森には津嘉山ノ殿、玉那覇ノ殿などもあり、津嘉山の重要な聖地となっている。

(8) アガリヌカー　山川集落の東（方言ではアガリという）側にある井泉。住宅地の中の道路脇にある直径約3.5m程のコンクリート製の円形井戸で、取水口がある。かつてはウブガー、正月の若水を汲む井泉として利用された。

(9) ウガン（神里之嶽）　集落北側にあったウガンモーが「ふれあい公園」として整備され、その東側にコンクリート製の高さ170cmほどの祠が建つ。

古い石香炉が4個安置されており、六月ウマチーなどの村落祭祀に祈願される。

(10) ミートゥガー　道路沿いに架けられている鉄筋の階段を16段降りたところの屋敷と、その隣家の屋敷にある二つの井戸。これらはミートゥンダ（夫婦）ガーとも呼ばれている。

正月三日の初ウビーなどの村落祭祀に祈願される。

(11) 野原之御嶽・野原之殿・ノバルシーガー　元々は丘陵地であったが、土地改良事業により、平坦地になった広大なさとうきび畑の中にある。字平川の集落発祥の地とされている。

コンクリート製の小祠二つが野原之嶽と野原之殿で、右側の土管がノバルシーガーの拝所。1月3日・7日や五月・六月ウマチーの村落祭祀に祈願されている。

(12) 名幸ヌ殿　字平川の殿の一つで、道路側のゲートボール場の塀に小さな土管と香炉が置かれている。清明、五月・六月ウマチーの村落祭祀に祈願。

(13) 外間ガー　新ガーとも呼ばれ、石積みが残る直径3.6mの大きな堀井戸。
周囲はフェンスで囲まれており、農業用水として取水されている。
1月3日・7日や五月・六月ウマチーの村落祭祀に祈願されている。

(14) ヌルガー　字稲嶺の農村公園内にある井泉跡。階段下にカーグシチ（土管のようなもの）と香炉が安置されている。
階段を上り、公園の頂上にはニーヤ、ネヌハヌウタキ、中腹にはニーヤグサイタキグサイ（ニーヤに対するお通しの拝所）、クニヒヌカンなどの重要な拝所が点在する。ヌルガーはこれらの拝所とともに正

月の初興し、五月・六月ウマチー、旧盆、十五夜などに祈願。

(15) ガザヌトゥヌ火ヌ神　ガザヌ殿の向かい側の小高い丘にある。ソテツの根元に香炉が置かれ、正月の初興し、五月・六月ウマチー、旧盆、十五夜に祈願される。

(16) 大稲嶺殿　道に面した広場には地頭火ヌ神をはじめ玉城、南山への遥拝の祠が並んでおり、そこからの小道を上ると、大稲嶺殿の祠がある。旧家、屋号大稲嶺の屋敷神で、字稲嶺の「稲嶺之殿」にあたると思われる。祠は平成7、8年頃にコンクリート製に立て替えられた。正月の初興し、五月・六月ウマチー、旧盆、十五夜に祈願。

(17) フルジマガー　集落からはずれた畑

の中にある。稲嶺のかつての居住地であったという「古島」において使用された井泉との伝承がある。

土地改良事業によって埋土され、その場所に土管と香炉の代用品としてのブロックが置かれている。

正月の初興し、五月・六月ウマチー、旧盆、十五夜に祈願される。

(18) **イリヌカー**　直径 5m ほどの堀井戸で、現在はコンクリート製電柱 28 本で上部が覆われており、一見して井戸とは分からない。

正月の初興し、五月・六月ウマチー、旧盆、十五夜に祈願。

(19) **トゥイヌファ**　字湧稲国集落の四隅にある拝所の一つ。西の方角(方言ではトゥイヌファ)にあたる西にある。

現在は道路拡張工事のため、拝所を形作っていたコンクリートの破片や香炉などが工事現場の一角に大切に保管されている。正月の初興し、五月・六月ウマチー、12 月のムーチー（鬼餅）に祈願される。

(20) **東風平ヌ殿**　ノロ殿内に至る道沿いに鳥居が建ち、62 段の階段を上ると「氏神拝殿」（昭和 43 年に建立された）の祠がある。東風平ヌ殿はジーンチュノトノとも呼ばれており、正月の初興し、六月ウマチー、八月十五夜、根人交替、根人就任などの村落祭祀において城門中を中心に自治会役員等によって祈願がなされている。

(21) **獅子ヒサ洗いガー**　住宅地の石垣塀にある井泉の拝所。道沿いの石垣下部に掘り抜き状態で、石香炉が置かれている。水が枯れ、井泉も消失した後も地域の大切な拝所として形を変えて残っている。八月十五夜の村落祭祀に拝まれている。

(22) **松尾ヌ嶽（金満御嶽）**　字東風平の

御嶽で、金満（カニマン）御嶽ともいう。急な坂道を上ると、小山の頂上に祠が建つ。祠の中には３個の古い石香炉と火ヌ神が祀られている。

五・六月のウマチーの他、八月十五夜、根神交替の村落祭祀で、仲間・城・押草の３門中を中心に自治会役員等によって祈願がなされている。

(23) 謝花昇像　農村環境改善センター敷地内に建つ。
「沖縄自由民権運動の父」と呼ばれた謝花昇（1865-1908）は東風平出身で、第１回の県費留学生として、帝国農科大学で学んだ。その後、当山久三らと参政権運動にあたり、『沖縄時論』を刊行した。

(24) 西ヌ方ヌ獅子　字東風平の馬場であった西側に置かれている。顔幅 32cm、高さ 93cm、長さ 92cm、胴回り 259cm。

(25) アーチ型のガジュマル　世名城公民館近くの住宅地にあるガジュマルで、伸びた枝からの気根が地面に根付き、写真のようにアーチ型をなしている。アーチ内の高さ 220cm、横 420cm。木の高さは約 10m。

(26) メーヌカー　イーチチガー、ウブガーとも呼ばれている。辺り一帯は区画整理の工事中。直径 4m ほどの大きな井泉で、石積みの上部がコンクリートで補修されている。初水ナディーの村落祭祀で拝まれる。

(27) タルガー　直径 5m ほどの楕円形の井泉。石積みが残されており、傍の道から３段の階段を降りる。

井泉の周囲は安全のため金網が張られている。

(28) **大屋之殿**　知名御嶽の隣にあり、木立に囲まれた広場。大きなガジュマルの根元に大屋之殿の香炉が置かれている。傍には殿ガーの香炉がある。

(29) **ナカジク（与座ヌウタキ）**　ヌンドゥンチヌウタキ（ノロ殿内の御嶽）ともいう。住宅地中心の小道沿いにある半円形の石積みの拝所。

戦前までは高いクバ（ビロウ）の木々が生え、クバヌウタキとも呼ばれていた。

字与座の７ヶ所の御嶽へのお通しを行う御嶽でもある。

隣接してノロ殿内の神屋の建物が建っている。

(30) **与座のシーサー**　高台の眺めのよい与座公民館敷地（獅子森）に置かれている。高さ65cm、体長105cm、胴回り245cm、顔幅40cm、北西向き。

(31) **与座ガー**　南部地域ではよく知られた水量豊富な井泉。現在、石積みの残る井泉周辺は公園として整備されている。王府時代から隣接する字兼城に引水され、戦後は那覇市小禄の米軍施設に導水管が引かれ使用された。井泉の拝所には「湧泉・大御泉・古泉」の三つの祠が設けられ、村落祭祀の折々に祈願されている。

(32) **糖蜜タンク**　高嶺製糖工場構内にあった、糖蜜を貯蔵するタンク。戦後、地域の水タンクとして利用されているが、その壁面には沖縄戦によって残された弾痕もみられる。

(33) **高嶺の水タンク**　縦467cm、横934cm、高さ約270cmの水タンク。水源は与座ガーで、タンクは戦後しばらくして造られた。現在、取水用の６つのパイプから栓をひねると、勢いよく水が流れる。

(34) 高嶺製糖工場の門柱　高嶺製糖工場敷地内にあった門柱。高嶺製糖工場は1910（明治43）年に、沖縄県で初めて組合立の黒糖工場として設立。その後1916（大正5）年に沖縄製糖工場に合併され、沖縄戦で破壊された。

(35) 嘉手志ガー　ウフガーともいう。犬が発見したとの伝承がある井泉。この地の支配者が、佐敷の尚巴志の金屏風と嘉手志ガーを交換し、ついには尚巴志に従うことになったという説話がある。

近くには南山城（ナンザングスク）跡がある。1915（大正4）年にグスク内に高嶺小学校が建設、城壁の大部分が消失。現在、鳥居の奥に拝所がある。

(36) 照屋の石獅子　集落の東入り口にあたる県道77号沿いにあり、高い台座の上に置かれている。旧暦10月壬の日の「ヒーゲーシの御願」の村落祭祀で拝まれている。高さ1m、胴回り196cm、顔幅35cm、東向き。

(37) 照屋ガー　石積みの長方形の井泉。水量が豊富で、字照屋の簡易水道の水源として利用された。井泉に降りる手前辺りに軽便鉄道の高架橋が架けられ、そのトンネルをくぐって井泉に往来したという。

(38) 照屋ウタキ（上之殿）　集落北西の高台にある。御嶽の森の中には、集落発祥に関係する古墓（アジシー）や、玉城や今帰仁等へのお通しのための拝所、2つの井泉が合祀されているなど、拝所が林立している。木々がうっそうと茂り、おもむきがある。周辺には根神屋・根人屋・ノロ殿内の拝所が点在する。

(39) 糸満駅便所跡　駅構内にあった便所の一部が住宅地の中に残る。汲み取り式の便所で、ドアは補修されたと思われる。

(40) 幸地腹・赤比儀腹門中墓　両門中の共同墓で、沖縄最大の門中墓。トーシー(当世)墓１基、シルヒラシ墓４基、ワラビ(童)墓などが並ぶ。清明祭には両門中の人々が墓参に訪れるためたいへん混雑する。

(41) ワカー　国道331号の北側の住宅地の中にある。半円形の泉口はコンクリートで補修され、右側に祈願のための香炉が安置されている。

(42) ヌンドゥンチの神アシャギ　字糸満北側の山手の住宅地の中に建つ。

コンクリート製の祠には５個の香炉と火ヌ神が祀られている。

糸満ハーレーなどの村落祭祀にノロや神人を中心に祈願される。

(43) カニグヮージョーヌカー　町端区公民館近くの住宅地にあり、コンクリート製の祠を覗くと水が張っている。祠の右脇には、祈願のための香炉が安置されている。

(44) 白銀堂　字糸満にある巨大な石灰岩塊に囲まれた御嶽。正月や５月４日の糸満ハーレー（爬竜船）などにおいて、航海安全や豊漁、村の繁栄の祈願がなされる。御嶽の神名はシロカネノイベ（白銀威部）で、堂名はこれに由来する。

(45) リューグウ神　糸満漁港西側の浜辺の岩礁にある祠。航海安全、豊漁が祈願される。西区住宅地の海沿いに「今竜宮」と呼ばれる拝所が設けられ、竜宮へのお通し拝みが行われている。

軽便鉄道の思い出

儀保カマドさん　大正４年生まれ、南風原町津嘉山出身

儀保さんの鉄道の思い出を伺いました。

鉄道が走り始めた頃、津嘉山の人々は汽車が走る姿が物珍しく、「カンジャー屋敷毛（ヤシチモー）」という小高い丘に上がり見物していたそうです。津嘉山近郊の農家では、収穫したキビは軽便を利用して高嶺工場に搬入していました。また、時には農作物を売りに行くのに汽車を利用したといいます。

当時二十代であった儀保さんは六十斤（三十六キロ）程のイモをカシガー（麻袋）に入れ、汽車に乗って那覇の市場に売りに出かけたそうです。普段は裸足で歩いていたのですが、那覇では履物を履かないと警察官に注意されたので、那覇に行くときは草履を懐に入れて軽便に乗り、駅に降りるとすぐに草履を出して履いたそうです。

奥武山で開催された県の運動会には、カシウージ（盆などの供物として使う糖度の高いキビ）を売るために那覇駅まで行きました。

そのときの様子を「その頃は甘いものなど今のようにない時でしょう。一本四、五銭で飛ぶように売れたよ。だからお父さんは汽車でキビを運ぶために何度も往復していたね。本当に楽しかった思い出だね」と語ってくれました。

また、糸満のハーレー（爬竜船競漕）見物に行くために乗った時には、銭又の上り坂になると汽車の速度は遅くなり、歩く方が速いくらいでした。汽笛も「ヒーヒーポッポー、ガーフェーガチャンガチャン」と、泣いているように聞こえたといいます。

儀保さんが最後に軽便に乗ったのは一九四四年、二十九歳の時だそうです。その頃、嘉手納の飛行場建設のために、儀保さんのおじさんをはじめとして、津嘉山出身の男の人たちも徴用されました。

女性たちはキームイで餅を作り、朝の六時に駅に集合して、嘉手納駅まで三十～四十銭の運賃を払って慰問に行ったということで、それが軽便に乗った最後になりました。

軽便鉄道と製糖

軽便鉄道の敷設は、沖縄の本島中南部における製糖産業に大きく貢献しました。当時、沖縄の農家では、各字で「組」を作って自ら黒糖を生産したほか、砂糖生産の材料であるキビを製糖工場に売って換金していました。鉄道を利用しやすい地域ほど、換金する農家の割合が高かったようです。各地から集められたキビを製糖工場へ搬入したり、工場で作られた砂糖製品を出荷したりするだけでなく、農家が自ら作った黒糖の搬出などにも鉄道は広く利用されました。軽便の敷設以前は、那覇まで黒糖を運搬するのに、馬車あるいは川に近い集落であれば、小船を利用していたといいます。鉄道によって、運搬や工場へのキビ搬入の効率は飛躍的に上がりました。

切っても切れない軽便と沖縄の糖業ですが、農家が作った黒糖と製糖工場で生産された砂糖について、ここで簡単にその製糖工程を紹介します。

黒糖は農家の「イーマールー」といわれる互助作業によって、サーターヤー（製糖小屋）で作られました。サーターグルマと呼ばれる圧搾機を馬や牛によって動かし、製糖工場の前でキビを搾ります（図A　圧搾の仕組み）。馬を追う者（子供が担当することも）やキビを圧搾機に差し込む者、キビ殻を抜き取る者、キビ汁を製糖小屋に運ぶ者の５～６名で行いました。

製糖小屋の中には、５度ほどの勾配のついた登り窯の製糖窯が設置されていました（図B　登り窯）。

嘉手納の製糖工場（沖縄県立図書館提供）

図A　圧搾の仕組み

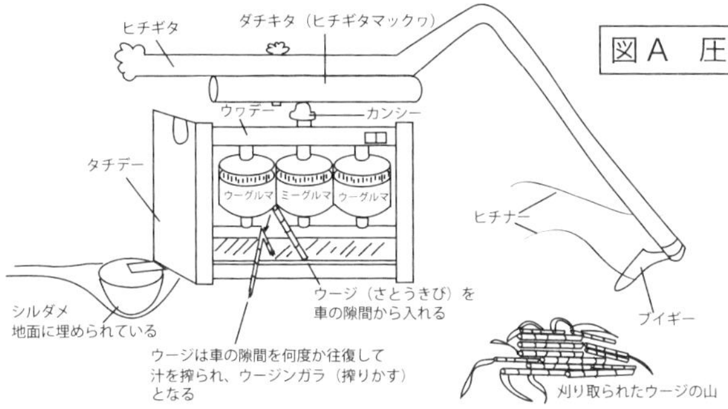

図B　登り窯

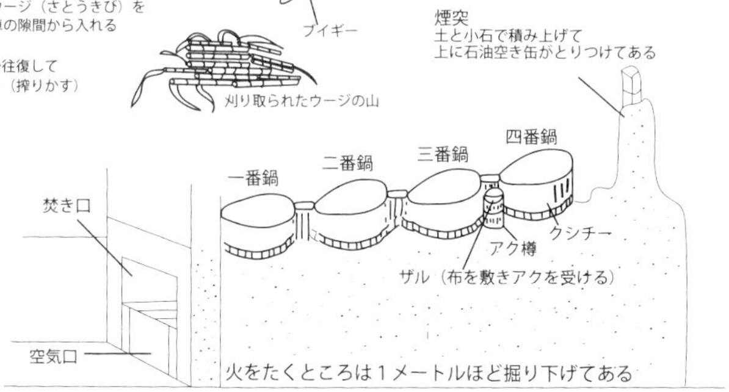

参考：『豊見城村農業協同組合六十年史』（同編集委員会、平成４年）

鉄製の大鍋が３～５個ほど並べられ、焚き口から遠いほうの鍋に入れられたキビ汁を煮詰めながらアクを取り除き、次の鍋へと移していきます。二番鍋辺りになると「シージョー」と呼ばれる製造人がサーターベー（石灰）を加え、さらに一番鍋へと移して煮詰め、黒糖が完成します。出来は製造人の勘と長年の経験によるところが大きかったようです。黒糖は少し冷ましてタルガーと呼ばれる木桶に流し込みます。ひと樽は 60 キロほどです。

製糖工場での製糖工程は、まず工場に搬入されたキビの重量測定とブリックス（キビに含有される糖分の百分率で、製糖用語では「糖度」ともいう）の測定が行われます。次に動力を用いた圧搾機で、数回の圧搾が行われました。搾ったカスに水を流して、さらに圧搾して糖分を洗い出すという形で、糖量の 90％以上を搾り出したといいます。最盛期には昼夜兼行で操業し、大量の原料を処理したようです。

搾り汁はろ過、沈殿、漂白工程を通って真空結晶缶に送られて煮つめられ、蔗糖の結晶ができます。それを分離工程に送って遠心分離機にかけ、結晶と蜜とに分けます。結晶は散糖室に送られて乾燥され、完成品となり、包装、荷作りして出荷されることになります。工程で出た余った糖蜜はアルコール工場に送られ、燃料用アルコールとして使用されます。

三角橋の謎

キビの収穫時期になり、白い穂のキビが刈り取られ見晴らしがよくなると、糸満線高嶺駅付近、用水路にかかる三角定規型の奇妙な橋が姿を現します。実は、この橋の上を汽車は走っていたのですが、三角定規型のコンクリート橋を見ると、「どうして三角？」と誰もが思うのではないでしょうか。

現在もそうですが、昔からこの橋のかかる一帯は周辺の道路からかなり低くなっていました。そこで、道路から高低差をつけず汽車を走らせるために線路に沿って盛土が施され、その上にレールが敷かれていたと考えられます。そしてその線路を横切るキビ畑には用水路がありましたが、その上に三角定規型の橋が築かれたのです。

では、なぜ三角定規型の橋なのでしょうか。確たる自信はありませんが、次のような理由が考えられます。

宅地造成や道を造るため盛土をしたり、逆に切土をしたりする場合、その盛土された側面や削り取られた断面が崩れないように擁壁を築くことになります。一般に、橋の手すりなどは四角形であるため、この三角橋の擁壁の側面が三角形（厳密には台形）であることに違和感を覚えますが、擁壁を四角形にすると、外力からかかる力の方向は図A-1のように斜め方向になり、亀裂が生じかねません。さらに、図Bの色で示した部分に使用するコンクリートが無駄になります。

擁壁の形が三角形であるのは、擁壁が倒れないこと、横に滑らないこと、下に沈まないことなどを工学的に検討し、外力（盛土の圧力）に耐える最も合理的な形状として設計されたのでないでしょうか。

さらに、この三角橋を実際に見ると、写真のように外側に傾いて見えるため、「これで擁壁の役割が果たせたのだろうか？」とも思ってしまいます。しかし、実際には図Cのように内側の面だけが外側に向かって反れているだけで、外側の面は地面に対して垂直になり、断面は四角形ではなく、台形になっています。これも上に述べたのと同じ理由で、使用するコンクリートなどの量（斜線部分）を減らすことの他に、設計上、

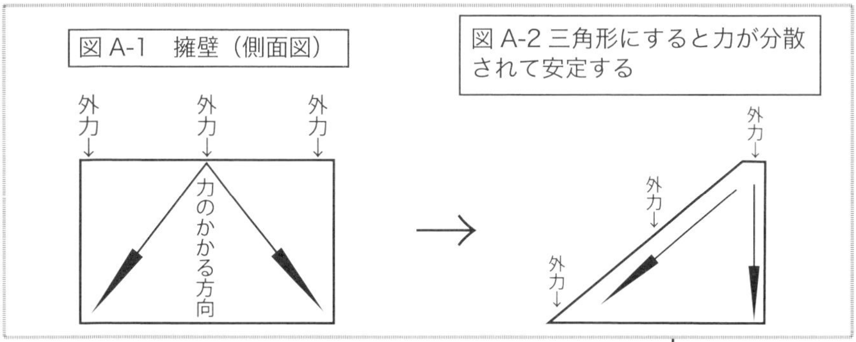

図 A-1　擁壁（側面図）

図 A-2 三角形にすると力が分散されて安定する

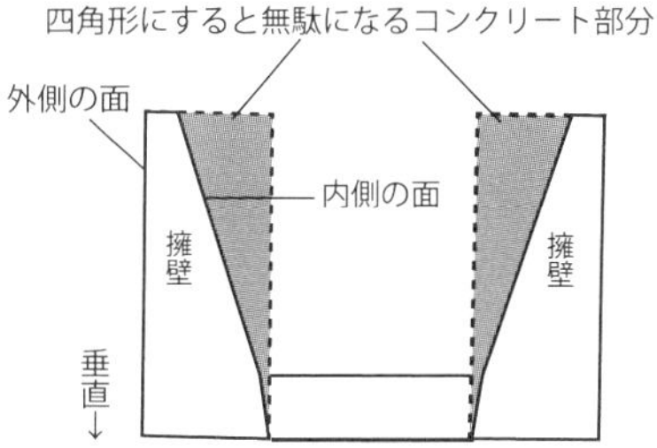

図 B

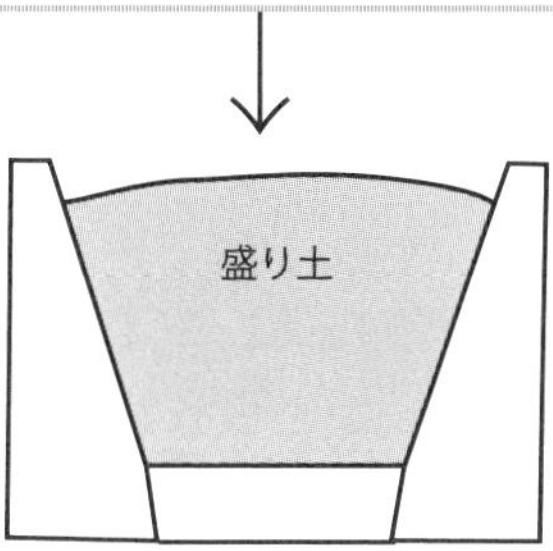

図 C　断面から見た図

安定性などの理由から、
このような形状になった
と考えられる

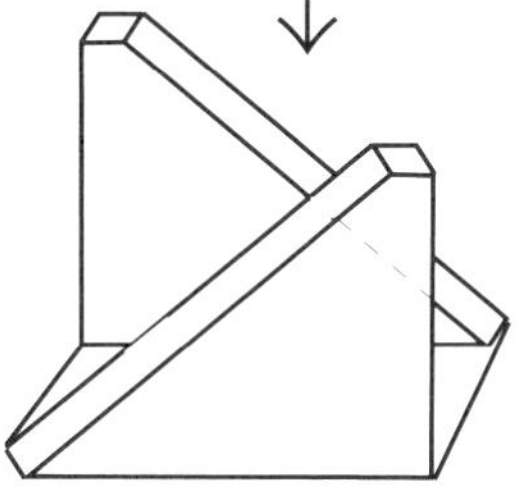

擁壁が倒れないこと、横に滑らないこと、下に沈まないこと等を検討した結果として、断面が三角形になったものと考えられます。

米軍が撮った沖縄戦直後の航空写真では、この辺りは米軍の施設らしきものになっています。以前からこの辺りのキビ畑の所有者である新城俊夫さん（昭和８年生まれ）によると、昭和 21 年頃、米軍の弾薬などが野積みされた施設があったといいます。周辺の道路は、道路工事で盛土したことにより地盤が高くなりましたが、三角橋の架かるキビ畑一帯は、地盤の高さが以前のままであるため窪地になっていいます。汽車が走るため盛土された箇所も今はなく、当時のコンクリートの擁壁が所在なげに残っているだけです。

Q4　なぜ、与那原駅だけはコンクリートの駅舎だったのでしょうか？

―僕も相当考えたけど、結論は至って簡単。中城は軍港で、皇族の乗った軍艦は那覇港に入らずに中城湾に入った。与那原は沖縄の表玄関だったんだね。皇族が最初に乗る駅なのでコンクリートのりっぱな駅舎にしたんでしょう。

昭和天皇が来たときはまだそうではなかったんだが、昭和五年にコンクリート造りにした。皇太子が歩かれる所には白い砂を敷いて。一般の人たちはみんな離れたところから、ひれ伏すことなく見ていたという。僕は「みなさんは最敬礼していたんでしょう？　天皇陛下の顔なんて見られなかったでしょう？」と聞いたんだけど、そうではなかったということでした。

Q5　軽便鉄道の敷設と沖縄の製糖産業について教えてください。

―嘉手納工場は最初は黒糖工場で、工場で作った黒糖を船で那覇港に運んでいたんだけど、雨、風が強いと運べなくなるでしょう。当時は分蜜糖への需要の動きがあって、一、二年で分蜜糖の生産に切り替わったんだね。また民間では黒糖でしょう。黒糖をタルガーに入れて馬車で那覇まで運ぶのはたいへんなので、陸上での大量輸送化を一日でも早くしなくてはということで、軽便鉄道が敷設されたんだね。

ただ、軽便のルートはできるだけ直線に引く必要もあって、必ずしも集落の近くを走っているわけじゃないし、駅も便利な場所に立地していたわけではなかった。たとえば城間駅も離れていたし、北谷駅も田んぼの中にあって、汽車を降りて集落までとぼとぼ坂を上っていった。ところが昭和になると、駅まで歩かなくてもバスが集落に入ってくるようになってきた。旅客輸送としてはずっと便利でしょう。それからだんだんと鉄道はすたれていくことになったんだね。

金城　功（きんじょう・いさお）

1933年、大宜味村饒波に生まれる。1958年琉球大学文理学部史学科卒業。同年、浦添中学校への就職を皮切りに、石田中学校、琉球政府文教局、沖縄県教育庁に勤務。琉球政府立沖縄資料編集所所長、県文化課課長、県立図書館館長を歴任し、1993年、定年退職。1995年から2001年まで沖縄大学で教授を務める。著書に『ケービンの跡を歩く』（1997）、『近代沖縄の鉄道と海運』（1985）、『近代沖縄の糖業』（1983、いずれもひるぎ社）。

金城功先生を囲んで

金城功先生に聞く

軽便鉄道研究の第一人者である金城功先生から、軽便鉄道にまつわるお話を伺いました。

Q1　軽便鉄道跡を歩いたきっかけは？

—最初、沖縄の糖業について研究していたが、輸送手段の面で軽便と関係があるのではないか、ということから始まったね。嘉手納線には嘉手納の製糖工場、与那原線には少し離れてはいるが西原製糖工場、糸満線には高嶺工場があるし。路線開通後に増設された駅はほとんどが、サトウキビの集荷との関係だよね。

復帰後、本土の鉄道研究の先生方を案内するうちに、自分でも鉄道の跡をもっと詳しく歩かなくてはと思うようになったね。本格的に歩き出したのは一九八〇年代の初め頃。弟の車で回ると、稲嶺の給水タンクや国場駅の近くの鉄橋、普天間川の橋も残っていて。でも、地上に出ているものは片っ端から取り除かれていた。退職してからは本格的に、家内と日曜日などに歩いたけど、三年かかった。僕は車を運転しないから、かえって細かいところまで歩くことができたね。

Q2　軽便鉄道に乗られたことは？

—僕は大宜味村の出身だが、戦前（昭和八年）の生まれで、小学校三年から五年の頃まで那覇で生活していたので、夏などに大宜味に帰るでしょう。昭和十七〜十八年頃の木炭バスはよく故障したので、行きは船で行って、帰りは嘉手納線に乗ったよ。与那原線には海水浴や識名園に行くのに乗ったしね。糸満線はおじたちと糸満に遊びに行くのに乗った。三路線とも乗れたのは珍しいかもしれないね。家内や山原の同級生たちは汽車が走っていたことを知らなかったよ。

Q3　歩いて楽しかったのは？

—歩いていると、不思議とその地域の人だということが分かるんだよね、話を聞こうと声をかけて、その後も付き合いが続いたりしてね。

昭和十九年に稲嶺での列車爆発があったでしょう。その事故の模様、火だるまになった貨車が転がって逆走していた姿を見たという方に偶然出会った時などは、知らなかった詳しい話が聞けた。八両編成だったというので、機関車は前後に付いていたと思っていたんだけど、貨車が後ろに転がって行ったということからすると、その時は後ろには付いてなかったんだね。

おきなわ軽便鉄道マップ　あとがき・編者紹介

波平 エリ子（なみひら・えりこ、沖大・沖国大非常勤講師、民俗学　那覇市出身）

５人のメンバーと知り合って２年半あまり、皆で 500 ヶ所余りの拝所・旧跡等を巡ることができました。沖縄各地の道に詳しくいつもおだやかな桃原さん、研ぎ澄まされた感性のショットを撮る若手写真家の新垣さん、いつもフットワークが軽くしっかり者の藤岡さん、メンバーのムードメーカーの津波さん、巡見で得た膨大な軽便データの処理を快くこなしてくれた田島さんと、最後まで一人のメンバーも欠けることなく、「ゆっくり、楽しみながら」この本は出来上がったような気がします。民俗学を専攻する私にとって南部・中部地域の魅力を改めて感じる機会を得ることができ、そして何よりも良い仲間にめぐりあえたことに感謝したいと思います。

藤岡 羊子（ふじおか・ようこ、沖縄県地域限定通訳案内士、韓国語　岡山県出身）

2006 年の半年あまり、沖縄大学と南部広域事業組合の第三期の“観光コース開発とガイド養成講座”を受講し、波平エリ子先生のゼミへ参加した。ゼミの巡見での昔の軽便鉄道の沿線観光モデルコースつくりから、今回の本づくりへと発展しました。一見、かたちもない空間が、実は沖縄の各シマで大切にされている聖域であることも肌で感じました。この本が軽便の跡を巡りながら沖縄の精神世界も発見することのできる一助となればと願っています。

新垣 一也（あらかき・かずや、会社員・写真家　南城市出身）

沖縄の軽便鉄道跡を巡ることで、その周りにある土地の見所などを知ることができ、地元に対する思いが強くなりました。この本を読むことで改めて郷土を感じてもらうキッカケになればたいへん幸せに思います。

桃原 博信（とうばる・ひろのぶ、会社員　那覇市出身）

はじめに、本書に携わった全ての方々に御礼申し上げます。お蔭様で、今昔沖縄の変遷を直に感じながら、同型のピースをキャンパスに解いてゆく事が出来ました。汽車旅は幻想的でのめり込む魅力があり不思議な旅が続けられました。間もなく終点です。感謝の意を込めアフィ～！

田島 由美（たじま・ゆみ、会社員　那覇市出身）

生まれ育った沖縄のことをもっと知ろうと参加した一般講座。そこで出会った波平ゼミのメンバーと始めたケービン探しの旅は気づけば２年が経ち、道跡＋その近くで見つけた拝所や御嶽、樋川など 500 以上。見つけた時の喜びや感動、聞き取り調査でのおじいちゃん、おばあちゃん達の楽しそうな語りは、昔の光景をリアルに写し出してくれました。忘れられない大切な思い出です。

MAP 作りには少々苦労しましたが、地図があるから歩いてみよう！と思う方がいらっしゃれば嬉しいです。職種も年齢もバラバラなメンバー。その出会いは「沖縄」への興味と郷土愛をより一層深めてくれました。

津波 尚（つは・たかし、会社員　南城市出身）

多くの魅力に出会いました。軽便の旅で……昔の沖縄の面影が残る石畳や風景、拝所、石獅子、井泉など。さわやかな風が吹くなか、さとうきび畑の間を走る軽便、青い海、白い砂浜を横目に見ながら北上する軽便。当時を想像しながらの旅。やはり、旅の一番の魅力は人。多くの魅力を気づかせてくれた、波平先生はじめゼミの仲間に大感謝。毎回、みなさんのおかげで楽しい旅をすることができました。この本に携わったすべての人にありがとうございました。

＜参考文献＞

『ケービンの跡を歩く』（金城功著、1997 年、ひるぎ社）
『図説　沖縄の鉄道〈改訂版〉』（加田芳英著、2003 年、ボーダーインク）
『近代沖縄の鉄道と海運』（金城功著、1983 年、ひるぎ社）
『那覇市教育史　通史編』（2002 年、那覇市教育委員会）
『那覇今昔の焦点』（沖縄文教出版社、1971 年）
『むかし沖縄』（1978 年、琉球新報社）
『大正時代の沖縄』（ゴールドシュミット、訳者平良研一・中村哲勝、1981 年、琉球新報社）
『沖縄歴史の道を行く』（座喜味栄議著　監修・新城俊昭、2001 年、むぎ社）
『那覇市史　那覇の民俗　資料編　第2巻中の7』（1979 年、那覇市企画部市史編集室）
『那覇市歴史地図―文化遺産悉皆調査報告書』（1986 年、那覇市教育委員会）
『与那原町史　序説・むかし与那原』（1988 年、与那原町史編集委員会）
『与那原町の史跡』（1995 年、与那原町教育委員会）
『よなばるー今・昔　与那原町政施行五十周年記念写真集』（2000 年、与那原役場総務課）
『国場誌』（2003 年、国場自治会）
『字上間誌　公民館落成十周年記念』（1992 年、上間自治会）
『創立二十周年　与儀八三会　記念誌』（1991 年、与儀八三会）
『与那覇誌　うさんしー』（2004 年、字与那覇自治会）
『兼城誌』（2006 年、兼城字誌編集員会）
『字宮平誌』（1986 年、宮平誌編集委員会　南風原町字宮平公民館）
『銭又区五十年の歩み』（1989 年、五十周年記念誌編集委員会）
『東風平村史』（1976 年、東風平村役所）
『南風原町史　第六巻　民俗資料編　南風原シマの民俗』（2003 年、南風原町史編集委員会）
『南風原町史　第二巻　自然・地理資料編』（1997 年、南風原町史編集委員会）
『南風原が語る沖縄戦』（1999 年、南風原町史編集委員会）
『神里が語る沖縄戦』（1996 年、南風原町史編集委員会）
『宮平が語る沖縄戦』（1993 年、南風原町史編集委員会）
『新川が語る沖縄戦』（1995 年、南風原町史編集委員会）
『本部が語る沖縄戦』（1995 年、南風原町史編集委員会）
『照屋が語る沖縄戦』（1994 年、南風原町史編集委員会）
『山川が語る沖縄戦』（1994 年、南風原町史編集委員会）
『豊見城村農業協同組合六十年史』（1992 年、豊見城村農業協同組合六十年史編集委員会）
『嘉手納町史　資料偏6　戦時資料（下）』（2003 年、嘉手納町史編纂委員会）
『嘉手納町史　資料編２　民俗資料』（1990 年、嘉手納町史編集委員会）
『水釜史』（1996 年、水釜史編集委員会）
『軽便鉄道のあった故郷　北谷村桑江ヌ前』（2007 年、桑江ヌ前郷友会）
『観る・歩く・聞くー中頭―』（2004 年、崎原恒新）
『北谷町史　第三巻　資料編２　民俗（上）』（1992 年、北谷町史編集委員会）
『北谷町の地名―戦前の北谷の姿　北谷町文化財調査報告書第 24 集』（2006 年 3 月、沖縄県北谷町教育委員会）

『宜野湾市史　第五巻資料編四』（1985 年、宜野湾市史編集委員会）
『ぎのわんの西海岸』（1996 年、沖縄県宜野湾市教育委員会　文化課）
『浦添市史　浦添の民俗　第四巻資料編３』（1983 年、浦添市史編集委員会）
『糸満市史　資料編７　戦時資料上巻』（2003 年、糸満市史編集委員会）
『ふるさと　糸満市再発見』（2003 年、玉城和信・長嶺操、はんこ西崎）
『大里村の民俗文化財』（2005 年、沖縄県大里村教育委員会）
『殿・御嶽・井戸調査報告書』（2003 年　東風平町教育委員会）

＜話者および協力者＞（敬称略、順不同）
与那原町……仲村むつ子、大嶺輝子
豊見城市……佐久本裕、佐久本フミ子、佐久本嗣純
那覇市………高嶺康二、高嶺正作、高嶺正吾、島袋盛吉、高屋英正、城間純伯、
城間和子、島袋松秀、赤嶺盛幸
浦添市………仲西富士子
宜野湾市……宮城真徳、石川文子、伊佐勇仁、又吉真栄、呉屋義勝
北谷町………新垣勇
沖縄市………崎原恒新
嘉手納町……奥間直、福地常雄、福地恵子、大兼秀子、津波古光男
南風原町……金城ヨシ、儀保カマド、大城勇康、国仲広人
八重瀬町……知念幸一、仲村勇清
糸満市………国吉春子、新城俊夫、赤嶺清昌、赤嶺安子、兼島景助、井上澄江

＜協力団体＞　嘉手納町中央公民館、屋良共栄会、北谷町教育委員会、宜野湾市立博物館、浦添市教育委員会、与儀八三会館、国場公民館、真嘉比自治会館、南風原町文化センター、與那覇公民館、兼城公民館、津嘉山公民館、山川集落センター、神里構造改善センター、糸満市教育委員会、豊見城市教育委員会文化課

＜取材協力＞
琉球ガラス村

＜撮影協力＞
島唄カフェ　いーやーぐゎー

＜地図・イラスト作成＞
高江洲雄二（デザイン研究所タカエス）

おことわり

写真ならびに歌詞等を本書に掲載するにあたって、権利所有者について調査いたしましたが、不明のものがいくつかありました。所有者の方、ならびに所有者をご存知の方がおられましたら、お手数ですがボーダーインクまでご連絡をお願いします。

編者紹介

おきなわ散策はんじゃ会

沖縄大学・南部広域市町村圏事務組合が主催する「観光コース開発とガイド養成講座」より生まれたグループ。以来２年半、週末のたびに軽便鉄道の足跡をたどる巡見を重ねる。メンバーは６人、今ではすっかり「鉄ちゃん」「鉄子」になってしまった。「はんじゃ会」の名前は「波平」のウチナー読み「はんじゃ」に由来する。

執筆・波平エリ子　写真撮影・新垣一也

【注】本書に掲載した地図は 2007 年現在のもので、実際の道路の現況とは異なっている場合があります。ご了承ください。

歩いてみよう！　おきなわ軽便鉄道マップ

2008 年 8 月 8 日　　初版第一刷発行
2018 年 1 月 31 日　　第四刷発行
編　者　おきなわ散策はんじゃ会
発行者　池宮　紀子
発行所　（有）ボーダーインク
〒 902-0076　沖縄県那覇市与儀 226-3
電話 098-835-2777　FAX098-835-2840
http://www.borderink.com
印　刷　（資）精印堂印刷

Printed in OKINAWA
ISBN978-4-89982-137-3